わたしのこと。

つぼみ

二見書房

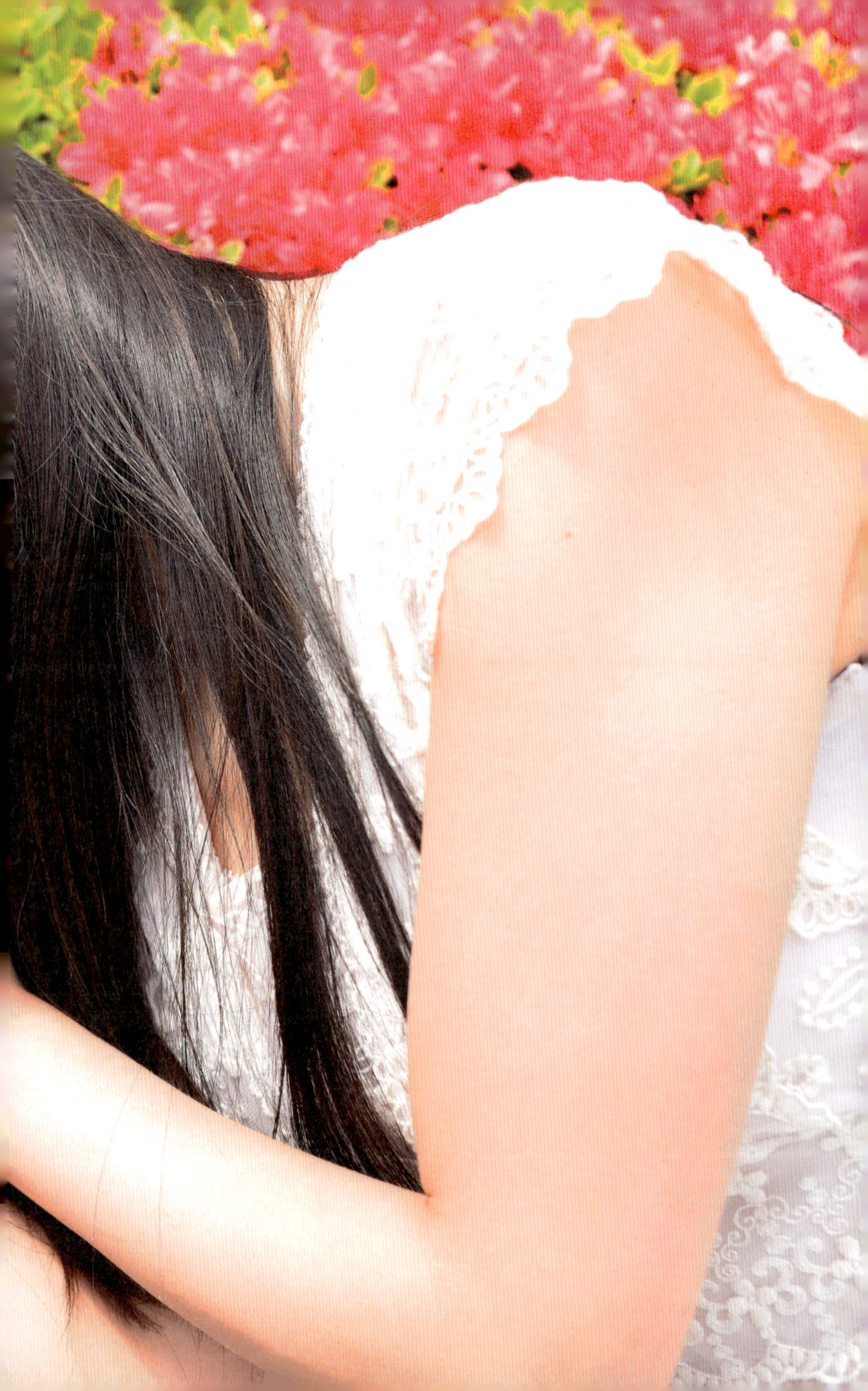

もくじ

※本書の登場人物は、プライバシー保護のため、仮名で表記しています。

わたしのこと。

プロローグ

その日、わたしはベッドで横たわりながら高額バイトの雑誌をぼんやりと眺めていました。ふと視線を窓の外に向けると、空は少し曇りがかっていて、白っぽいような黒っぽいような、よくわからない色をしていました。

ふたたび雑誌に目を落とすと、気になる文字が飛び込んできました。

その募集欄は何もかもが謎だらけでした。文面を読んでみても、いったいどんなお仕事を募集しているかさえわかりませんでした。

「どうして電話しようと思ったの？」

インタビューなどで今まで何度も聞かれた質問。いま改めて考えてみても理由はわたしにもわかりません。イタズラ電話の感覚だったような気もするし、もしかしたら自分の中で何かを変えたいと思っていたのかもしれません。

とにかく電話してみよう。

ただ、その思いで頭がいっぱいでした。

手にとった携帯電話が少し冷たくて、手のひらの体温を少しずつ奪っていくような気がしました。

ひとつずつ、間違えないようにゆっくりとボタンをプッシュすると、耳に当てた通話口から聞き慣れた呼び出し音が流れました。

トゥルルル……。トゥルルル……。

五回ほど鳴ったあと、穏やかで低い声が頭の中にするりと入りこんできました。

「〇×△です」

わたしは、子どもの頃からあまり電話が得意ではありませんでした。緊張もあったと思うけど、なんて答えたらいいかわからず、ほんの数秒、沈黙が流れました。

自分から電話したのに、黙ったまま。このままじゃダメだと思い、わたしはとっさに答えました。

「あ……はい」

そのひと言を発したとたん、不思議と緊張は和らいでいきました。冷たかった携帯電話はわたしの吐息と体温で温かくなり、いつの間にか耳の向こうから流れてくる説明を素直に聞いていました。

「アダルトビデオに出る仕事なんだけど、大丈夫？」

電話口で、そうはっきりと告げられました。わたしはその言葉が聞けただけで、満足感のようなものを覚えたように思います。

「あ、そうですか。わかりました。ちょっと考えます」

暇を持て余した十八歳の危ない遊びは、これで終わるはずでした。

でも、わたしの胸のどこかに「アダルトビデオ」という言葉が引っかかって、もどかしさを感じずにいられなかったんです。

それはきっと指先にできたささくれのようなもので、剝いてしまったら血が出るかもしれないけど、どうしても剝いてみたいという感覚に近いのかもしれません。

奇妙で新しい好奇心は、とどまることを知らず、あっという間に濁流となって、わたしを飲み込んでいきました。

携帯電話のリダイヤルボタンを押しました。

二度目の電話は、さっきよりも早くつながりました。

「さっき電話した者なんですけど、どういう流れになるのか、もうちょっと教えてほしいんです」

取るに足らないありふれた言葉。でも、それがわたしを〝つぼみ〟に変えた大切なきっかけになったのです。

つぼみのこと。

その日、部屋の窓から眺めた空は、不自然なくらいに青すぎて、まるで地上と空が別々に動いているような気がしました。

雲はどこかよそよそしくて、風はひと肌みたいになまぬるくて、太陽はためらいがちに、わたしたちを照らしている。空はこんなに大きくて広いのに、なぜだか窮屈そうに見えました。

ぼんやりと外の景色を眺めていたわたしは、時計を見てハッとしました。出発する予定だった時間を少し過ぎていたからです。そのあと、急いで玄関に行って、履きなれたローファーに足を入れ、少し重たいスーツケースを手にして、ドアを開けました。

春の太陽は、夏まで待てずに強く照りつけていたけど、それを和らげるようにひんやりとした風がわたしの頬を撫でました。じっと汗ばむと、すぐに風が熱を奪い去っていく。ふたつの季節が交互にわたしの皮膚を突き刺すような、落ち着きどころのない空気は、不思議と心をざわつかせました。

電車に揺られて、たどり着いた新山口駅は、新幹線が停まる駅なのに驚くほど静かでした。せわしなく夏と秋がせめぎ合っている外の空気とはちがって、スーツ姿の人もどこかのんびりとしていて、土産物屋にいる観光客らしき女性たちは自由を楽しんでいるようでした。

わたしはその光景をあとにして、重たいスーツケースを両手で持ち上げると、階段を登っていきました。

十一番ホーム。新幹線に乗りこむとすぐに発車ベルが鳴りました。

東京。

その日は初めてのアダルトビデオ撮影の日でした。

新幹線の窓から眺めていた小さくてのどかで当たり前だった風景は、東京駅の改札を抜けたとき、はがね色のビルと、グレーやネイビーや黒いスーツに身を包んだたくさんの人で彩られたものに変わっていました。

田舎暮らししか知らなかったわたしの目に、その風景は、どんな街ともちがっているように映りました。現実とは思えないぐらい巨大で、どこまでも続いているようです。

もし宇宙空間に放り出されたら、こんな気分になるのかもしれない。ふわふわと無重力の空間をただよう宇宙飛行士みたいに、わたしは東京の街をただよっていました。

車に乗ったのか、電車で向かったのかも思い出せないぐらい意識がぼうっとしていました。

到着したスタジオには何人のスタッフさんがいたんだろう。男優さんとどんな話をしたんだろう。監督さんはどんな指示をくれたんだろう。マネージャーさんからは何を言われたんだろう。

宙に浮いたままの意識は、最後まで体とつながることはなくて、ただただ時間だけが過ぎていきました。

東京は、まったく知らない世界でした。

なんでわたしはカメラの前で裸になっていて、なんでエッチをしていて、なんでここにいるんだろう。はっきりとした理由はなかったし、探すつもりもありませんでした。

もし理由があるとするなら、わたしがバイト雑誌で応募して、事務所の社長と話をして、出演に応じたから、ぐらいだと思います。

決してだまされたとか、うまく乗せられたというわけではありません。

事前に、どんな撮影で、どんなことまでするのかくわしく話を聞かせてもらってから決断したことだから。

「どうしてＡＶに出ようと思ったの？」

デビュー当時から、よくインタビュアーさんに聞かれました。

その質問をされると、昔は体裁をとりつくろって答えようかと考えたこともあったけど、今は素直に「とくに理由はないんです」と答えています。

きっと、ほかのＡＶ女優さんには、出演する動機やきっかけがあるんだと思います。

だから、インタビュアーさんは決まり文句のように、そう尋ねてはドラマティックな展開を求めているんだろうな、ということもわかっています。

でも、わたしには、本当に何もなかったんです。

特別にエッチが好きだったとか、誰にも話せないような過去があるとか、憧れのＡ

V女優さんがいたとか、インタビュアーさんが期待するような話はひとつもありませんでした。

ただ、やってみようと思った。本当にそれだけでした。

その理由だけじゃ納得できない人も多くて、インタビュアーさんのなかにはあきらめずに深く追求しようとする人もいました。

でも、そんな期待に応えて、ひとつウソをついてしまっていたら、わたしはとっくにAVを辞めていたと思います。

きっとそれは自分の決断を否定することになるから。

わたしは誰かにお願いされて、AV女優になったわけでもないし、誰かの望むようなAV女優になりたかったわけでもありません。

安易な決断だと言われるかもしれないし、深く考えていなかったと言われれば、もしかしたらそうなのかもしれません。

それでも、わたしが決めたこと。

うまく言葉にできないけど、仕事に対する強い責任感とか、エッチなことに対する好奇心とかでは決してなくて、わたし自身を裏切りたくなかったんだと思います。

もちろん、少しは怖いという気持ちもありました。でもそれは、居心地が悪くなるような恐怖心ではなくて、遊園地でジェットコースターに乗る前のスリルに近いものでした。

レールをゆっくりと登り、だんだんと地上からかけ離れていくジェットコースターのように、新幹線の窓から移り変わる景色を眺めながら、わたしは現実とは思えないような世界に向かっていったんです。

初めての撮影は、それこそレールの上を急降下するジェットコースターに乗っているようなものでした。

目まぐるしく変わる風景、信じられないぐらいに高鳴る鼓動、熱せられたように火照る体。

快感だとか恐怖だとか、その感情や感覚を心がはっきりと認識する前に、いつの間にか撮影は終わっていました。

撮影中に苦しいとか、やっぱりイヤだとか、そんなことを思う余裕さえありませんでした。

いま、わたしは、どこかにいる。そんな曖昧で輪郭のぼやけた感覚だけが残っていました。

でも、それはきっと、とても大切な日だったんだと思います。

わたしが、わたしの決断で、わたしにささやかな革命を起こした日。

「つぼみ」

そう呼ばれることが、どこかくすぐったくて、そう呼び止められてもまだ自分のことだとわからなくて振り向けないようなまま、わたしはつぼみというＡＶ女優になりました。


帰りの新幹線で通りすぎていく小さな風景は、夕暮れに包まれていました。

ふだん見るようなオレンジ色の夕焼けではなくて、傾きかけた太陽は空を真っ赤に染めていました。

田んぼも山も、鉄塔も高速道路も。夕暮れどきの太陽は、何もかもを焼き尽くしてしまう空の支配者のように振る舞っていました。

ちょっぴり横柄な太陽に、空は素直で従順でした。

わたしはいつの間にかうたた寝してしまい、気づいたときにはもう新山口駅に着いていました。あたりはすでに真っ暗で真夜中の森のように静まり返っていて、出発の日よりも人はまばらでした。

ピン、ポーンという電子音だけがむなしく構内に響き渡って、観光客でにぎわっていた土産物屋には、仰々しく閉店を告げるロープが張られていました。

改札を抜けると、空は当たり前のように黒く染まっていて、黒い闇がまとわりついてくるような心細い気分でした。

ロータリーは利用客の送迎に来た自家用車のライトで照らされ、わたしと同じ新幹線で帰ってきた人たちを乗せていきます。傍らで、吹き抜けていく春の風が木々を揺らし、半分ぐらい欠けた月がぼんやりと地上を照らしていました。いつも見ていた夜なのに、突然沸き起こった違和感がチクチクと皮膚の下を刺しているようでした。

少しずつ、何かが変わっていく感覚。

ささやかな革命によって芽吹いたつぼみを思いながら、仄暗い夜の闇の波をかき分けるようにして走るタクシーの中で、わたしはまた眠りにつきました。

翌朝、自宅で目覚めると、窓の外には澄んだ空が広がっていました。さんさんと輝く太陽、ゆっくりと流れる雲、おだやかに吹く風。数日しかたっていないのに、春はもう夏に生まれ変わろうとしているかのようでした。

わたしは、少し冷めた朝食をとりながら、窮屈そうな空を窓から眺めて、大きく息を吸い込みました。


デビューしたレーベルはエスワンさんでした。

いまでこそ名前を聞けばメーカーやレーベルのことがわかるようになったけど、当初はまったくのちんぷんかんぷんで、エスワンさんがどんなメーカーかも知らずに単体契約を結びました。

「よかったね」

事務所の社長は、そう言ってくれたけど、そのスゴさが全然わからなくて、それよりも撮影のことが気がかりで、周りの人の言葉に耳を傾ける余裕がありませんでした。

ＡＶという存在は知っていても、実際に見たことがあるわけもなかったし、その世界のことなんて知るはずもなかったんです。

東京は相変わらず未知で広大な宇宙だったけど、それでも刻々と時間は過ぎていって、わたしの体と意識はふわふわしたまま、毎回のように急降下と急上昇を繰り返すようなめまぐるしい撮影が続けられました。

その半年間で、山口から東京に通いながら六本の作品を撮りました。

わたしはまだ地元でひとり暮らしをしていて、雑貨屋さんでバイトをしながら通っていたので、東京で行くところといえば、スタジオと事務所と寮のあるマンションばかり。東京へ通うことは苦ではなかったけど、まだ自分が何の仕事をしているのかはっきり理解できずにいました。

それどころか、そもそもわたしのＡＶなんて世のなかに出ないんじゃないかとも思っていたぐらいで、半信半疑というか、撮っていたものが本当に発売されるかどうかもまだ信じていなかったんです。そんな状態だったから、ＡＶ女優になったっていいう自覚なんてないも同然でした。

そうして迎えたデビューの日。作品がエスワンさんから無事発売されて、事務所で初めてパッケージを見ました。

「あ、やっぱり本当だったんだ」

それでも、ＡＶ女優になったという実感は湧きませんでした。

梅雨の時期を迎えて、春に芽吹いた花は、すでにしとしとと降る雨に打たれて、その身をつややかに濡らしていました。都会の木々は青々とした葉を誇らしげにつけて、湿ったアスファルトの上で堂々とそびえていました。

季節が移り変わろうとしているなか、わたしの中のつぼみは、まだ花をつけられずにいました。

撮影の楽しさも、何をすべきなのかも、まったく理解できなくて、真っ暗な闇の中でただ歩いているような感覚でした。

記憶に残っているのは、台本に「よそ見をしないこと」って書かれていたこと。何本目だったかは忘れてしまったけど、あのころ、どうしても何に集中していいのかわからず、つい気になってカメラ目線になってしまったり、プレイ中なのに視線が定まらなかったりしていました。

ＡＶだから、やることはひとつだと思われる方が多いかもしれません。

でも、その過程では、たくさんの指示や情報が押し寄せてきます。監督さんが撮りたい映像がどういうもので、女優はどうすればユーザーさんが喜んでくれるのか。男優さんとどんなカラミをしたらいいのか。当時、わたしの頭では処理しきれなくて、監督やユーザーが望んでいるものを撮れたかどうかまで考える余裕がなかったし、監督や男優さんに身を任せて、上流から下流へとただ流されているような状態でした。

それが悔しいというかもどかしいというか、みんなの足を引っ張っているのがわかって、夏休みに放置された朝顔みたいに心がしぼんでいってしまいました。

乱交もコスプレも何もかも初めて。普通のエッチしか知らないわたしに、できることは多くなかったのです。

ネコのコスプレをしたときは、本当にどうやって甘え声を出したらいいかわからなくて、「ネコみたいにカワイくしてください」って言われても、何をどうしたらネコみたいにカワイくできるのか、どんなに頭を振り絞ってみても、思い浮かばなかったんです。

意外に思われるかもしれないですが、わたしは甘えるのがすごくニガテです。

いまはスタッフさんも、そういう性格をわかってくれているけど、デビュー当初はルックスのせいもあって、勘違いされやすかったというか、甘えん坊の設定でオファーされることも少なくありませんでした。

でも、あくまで、それはつぼみとして求められていることだとわかっていたし、うまくできないときは、悔しくてたまりませんでした。

やらなきゃいけないこともできていない。そんな状況で、六本の単体契約は終わってしまいました。

「どうする？　まだこの仕事を続けたい？」

マネージャーさんにそう言われて、わたしは「はい」と即答しました。

AV撮影が好きになるとか、やっぱりやりたくないとか判断する以前に、わたしはこの仕事がどういうものなのかさえわかっていなかったから、そのまま辞めたくはなかったんです。個人のリスクだけを背負って、ＡＶというお仕事の本質であったり、プラスの面を知らずに辞めてしまったら、何の意味もないと思ったからです。

事務所からは単体契約が終わったことで、もっと撮影がハードになったり、このまま仕事がなくなる可能性があることも聞かされていましたが、それでもできることは何でもやってみようと思ったし、ＡＶの仕事がなくなったら新しいバイトでもすればいいだけだと考えていました。

エスワンさんの撮影が終わったあとは、半年ぐらいグラビアの仕事を続けていました。グラビアは映像とはちがって、与えられたキャラクターにならなくていいぶん少しだけ気が楽でした。落ち着いて自分と向き合うことで、どうすればもっとエッチに見てもらえるかを考える余裕ができたように思います。

そんなころに声をかけてくださったのが笠倉《かさくら》（出版社）さんでした。

笠倉さんも単体契約をしてくださったんですけど、エスワンさんとは少しちがったアプローチの作品ばかりでした。

風俗嬢になったり、監禁されたり、縄で縛られたり。ちょっぴりハードな撮影をするようになりました。

相変わらず、この仕事について何かを摑んだわけではなかったけど、少しずつ、本当にちょっぴりだけ、撮られていることぐらいには慣れてきたというか、何をしているのかを理解しはじめていました。


このころ、わたしは地元でやっていた雑貨屋のバイトを辞めました。

東京に来るとなると、どうしても一週間ほどバイトを休まなくてはならなかったし、スタッフが少なかったので、休むのが大変だったんです。そうしてバイトを辞めようかどうしようか考えていたとき、職場にAVのことが知られてしまいました。

きっかけは郵便受けに入っている風俗のチラシでした。そこにわたしの写真が無断で使用されていて、職場の人に聞かれたんです。

「もしかして……風俗やってるの？」

ほんの二、三秒考えて、わたしは素直に打ち明けました。

「AVをやっています」

チラシに映っているのは、他人の空似とかいうレベルではなくて、あきらかにわたしでしたし、子ども用品も売っているお店だったので、これは辞めるしかないと思いました。でも、わたしはバレてしまったことを気に病《や》んだりはしませんでした。いつかはそうなるだろうとも思っていたし、だからといってＡＶを辞めるつもりもなかったので、このまま新しい道を進もうと考えました。

周囲の人にとって、ＡＶ女優という存在はものめずらしく映ったようで、先輩も同僚も、あの日見上げた空のように急によそよそしくなって、わたしとどう接したらいいかわからないようでした。

だから、わたしは自分からバイトを辞めることを告げました。

「どうしてＡＶなんかに出たの？」

いまはもうほとんどなくなったけど、昔は知り合った人からそう聞かれることもありました。そんなとき、わたしは、はにかんでごまかします。わかってもらおうとも思わないし、とくに話すほどのことでもないからです。

わたしは、わたし。

いまも昔もそれだけは変わっていません。つぼみと呼ばれるようになって、別の他人になったわけでも仮面を被ったりするわけでもないんです。

この仕事に少なからず偏見みたいなものがあるのはわかっているけど、わたしがつぼみであることに変わりはなくて、それを誰がどう思い、何を言われても、つらくなったり、心をかき乱されたりすることはありません。

わたしはわたしのまま、つぼみになった。そう思っています。

「ブログでもやってみない?」

「え、あ、はい」

デビューから二カ月ほどがたったときに始めたブログは、そんな軽い感じで始まりました。タイトルはいろいろ考えてもらったんですが、結局「つぼみ日記」というシンプルなものに決まりました。

何を書いたらいいのかわからなくて、たしか三、四行ぐらいの取るに足らない挨拶が最初の記事だったような気がします。

本を読むのは嫌いじゃないくせに、文章を書くのは苦手で、携帯電話を開いても、何を書いたらいいのか頭にまったく浮かんでこなくて、あのころはあれぐらいでも精いっぱいでした。

毎日更新するって言ったくせに、二日目にはすぐに更新を忘れてしまって、三日目でそれに気づくという有り様でした。

わたしは、文章を書くことというよりも、誰かに何かを伝えるということそのものが上手ではないような気がします。

マネージャーさんによく「溜め込む癖がある」と言われますが、ある時点での気持ちや感情をはっきりとした言葉にするのが難しくて、プラスの感情もマイナスの感情も積もり積もると、突然マイナスが強くなりすぎて爆発することがあります。

デビューから二、三年たったその年、わたしは、初めて仕事を休みました。

決まっていたサイン会を中止してもらったり、周囲の人にもファンの人にも迷惑と心配をかけてしまいました。申し訳ない気持ちでいっぱいだったけど、そのときはどうしても休まなきゃいけない状態だったんだと思います。

「思います」という他人事《ひとごと》みたいな表現になってしまうのは、わたしがそのときのことをうまく思い出せないからです。

わたしは記憶を上書きする癖があって、うれしかったことも悲しかったことも、渡り鳥のように遠い空の向こうに飛んでいってしまうんです。ファンの皆さんの顔やお話は覚えられても、時がたつにつれて、自分に起きたことや、そのときの感情の昂《たかぶ》りや、伝えられなかった言葉を探し当てることができなくなってしまいます。こうして書かせていただいてるいまも、写真とかブログとかに残された手がかりを必死でたぐり寄せて、つぼみの記憶を探しているぐらいです。

そのときのことは、プライベートで大きな事件があったわけでも心が病んでしまったわけでもなくて、きっと仕事に対して気持ちが整理できなくなっていたんじゃないかと思います。

決してAVに出たくなくなっていたわけではないんです。どちらかといえば、うまくできないわたしを自分で責めてしまうような気持ちが大きかったような気がします。

マネージャーさんや事務所には、休養する少し前から「休みたい」という旨は伝えてあって、それでもキリのいいところで、と考えていたんだけど、どうしても無理になってしまったんです。

異変は体にも現れました。気づくと、体重は三十八キロになっていました。

わたしは人と会わない時間が長くなると、ご飯を食べなくなります。自分の部屋にひとりでいると、食べるタイミングがわからなくなってしまって、ちょっと温かいお茶を飲んでお腹を落ち着かせたら、面倒くさくなったりして、丸一日固形物を食べないという日がだんだん増えていってしまいました。

ストレスと言われれば、そうなのかもしれないけど、その言葉がどうしてもしっくりこないというか、わたしに当てはまるようには思えません。誰かと会えば、お腹が空いてるって気づくけど、逆に誰とも会わないと空腹を思いだせないのです。まるで自分の欲求とか欲望が、シャボン玉のように飛んでいって弾けてしまうように。

だから、わたしにとって人と会うこと、どこかに行くことは生きていくうえで大切なことなんじゃないかとも思っています。

休む前に、わたしは仲のいい友人と二人で富士山に行きました。富士山のことは当たり前のように知っていたけど、近くまで行くと、その存在感に圧倒されました。白い雲を突き抜け、青い空を割るようにそびえる山。雄大で、傲慢で、そのほかのいっさいがっさいを否定するような堂々とした出で立ち。太陽や風や雲に影響されることなく、富士山はただそこにありました。

いずれ登ることになるのですが、その日は準備をしていなかったので、登山はやめました。その代わりに、周辺にたくさんの湖があることを知って、見にいくことにしました。

湖面は冷ややかな風にゆらゆらと揺れて、川のように流れることはなく、じっとその場から動かずに力強い富士山や青く澄んだ空を映していました。

湖畔に降りて、湖面をのぞきこむと、そこに自分の顔が映って、胸をざわつかせました。

わたしの顔、つぼみの顔。自分と見つめ合うと、獣の鋭い爪でかきむしられたように心が落ち着かなくなりました。

休みたいと思うようになったのは、そのころからだったかもしれません。

初めての長期休業に入る少し前から、笠倉さんの単体契約が終わり、わたしはフリーの企画単体女優として新しいAV生活を始めていました。

フリーになってからは、いろんなオファーが舞い込んできて、いろんな現場を体験させてもらっていました。それまで月に一本だった撮影は、五本、六本と増えていって、だんだんと忙しくなってきたころでもありました。

もしかしたら、その忙しさも原因のひとつだったのかもしれません。

わたしは、いまでも撮影前に緊張してしまいます。むしろデビュー当時よりも緊張するようになりました。昔はまだ何もわからなかったけど、いまは少しずつどうやって監督さんやユーザーさんに満足してもらえるかを考えるようになっているからです。

つぼみという存在が日に日に大きくなっていくと、今度は撮影をどうすればうまくできるかという考えに移っていきました。

つぼみとして作品のなかで生きる。

そう意識すると、曖昧だった仕事の楽しみ方や向き合い方が、徐々に輪郭を見せはじめました。

わたしの場合、その変化はかぎりなくスローモーションで、大木の年輪のように形を成すまでに多くの時間を必要としました。

でも、繰り返し打ち寄せる波のような撮影の連続は、わたしの変化に合わせてはくれません。

たとえば、監督が出している指示にしたがえなかったり、求められたキャラクターになりきれなかったり。撮影は、わけのわからないジェットコースターの状態から、だんだんとレールを走る電車のように、行き先がわかるようになってきていました。

それなのに、間違った電車に乗ってしまって、ちがう目的地に着いてしまうようなズレが起きていたんだと思います。

その少しのズレが、だんだんと、でも確実に積もっていきました。その重みに耐えきれなくなって、自分を整理するためにも休まなくちゃいけなくなったのです。

いまは、つぼみの仕事に関わるいろんな方にスケジュールを調整してもらって、長期休暇の日程をあらかじめ相談して決めておけるようになったけど、フリーになった当時はメーカーさんやマネージャーさんも、つぼみを売り出すことに必死になってくれていたし、それにわたしも応えたくて、がんばりすぎていたところもあったようにも思います。

でも、ひとつだけハッキリしていたことがあります。

それは、ＡＶを辞めるつもりはまったくなかったということ。

いろんなインタビューでも答えさせてもらっているけど、わたしはこれまでにただの一度もこの仕事を辞めたいと思ったことはありません。

体調や気持ちが整ったら、必ず撮影に戻るということを事務所にも伝えていましたし、もし辞めようと本気で思ったのなら、わたしはそのときさっぱりと引退していたと思います。

「どうしてそこまでＡＶ女優を続けられるの？」

いろんな人にそう聞かれます。

あっという間だったけど、もう十二年。

でも、誰かが何かを続けることの理由ってすごくシンプルで、ごくごく当たり前のことなんじゃないかなって思うんです。きっと楽しいからとか、達成したい目標があるからとか。

わたしの場合は、この仕事が馴染んだから、でした。

辞める理由だったら、たくさんの出来事やきっかけがあって複雑でドラマティックな話になるのかもしれないけど、続けることに何か特別で大きな理由はありません。

AV女優に馴染んだって言うと、「エッチが好き」とか「給料がいいから」といったふうに考える人もいると思いますが、わたしはただ、普通の仕事や社会とうまくやっていけず、この仕事を選んだだけのような気がしています。

普通に学校に行って、バイトをして、会社に入ってOLをやって、結婚をして、家庭を築いて幸せに暮らす。もし、それが普通なのだとしたら、わたしは普通ではいられませんでした。

少なくとも学校やバイトでは、パズルのピースがぴたりとハマるような感覚がなかったからです。

でも、ＡＶにはそれがありました。

わたしは、ＡＶ女優をアーティストだとか役者さんのように考えたことはありません。まして、この仕事が立派だとも思っていません。ただ、観ていただけるユーザーさんに満足してもらって、いい意味で消費してもらいたいと思っています。

たまに「つぼみちゃんはプロフェッショナルだよね」と言っていただくことがあります。でも、わたしは仕事に対するプライドとかは、本当にこれでいいのかなって思うくらい全然ないんです。

ＡＶ業界でスターになりたいと考えたこともなくて、いただいたオファーをやることだけに専念してきました。

つぼみには「ああしたい、こうしたい」っていう意思のようなものは、ほとんどありません。

ただ、あるのは「いい作品にしたい」ということだけ。

いい作品というのは、やっぱりユーザーさんに楽しんでもらって、いっぱい観てもらえる作品のことだと、わたしは考えています。

撮影のときに「ああしよう、こうしよう」っていうポジティブな意思はあっても、つぼみの行く先に何があるのかは、わたしにもわかりません。

あと少し、あと少しって思ってるうちに、いつの間にか十二年の歳月が過ぎていきました。

わたしはこの仕事が好きで、だから、つぼみでいられるのだと思います。つぼみが誰かに求められるうちは、続けていくつもりです。

つぼみのこと。

むかしのこと。

この本を書こうと思ったときにいちばん困ったのは、子どものころのことをどう書いたらいいのかということでした。

わたしの記憶は、タンポポの綿毛のようにすぐに消えていってしまうので、何かのきっかけがないと思い出せないからです。

わたしは、少しだけお休みをもらって、地元に帰ることにしました。

いまでも頻繁に帰っているけど、こうして特別な目的があって帰るのは久しぶりでした。友だちの結婚式でもなく、親族のお葬式でもない。ちりぢりになってしまった綿毛をひとつずつ探しにいくための旅。

いろいろ巡ってみようと考えていたけど、やっぱり足が向いたのは、わたしが生まれた実家でした。

新山口駅から電車を乗り継いで到着したのは、何度も乗り降りした駅。その日は、インフルエンザが流行していた真冬の時期だったので、予防のためのマスクをしていましたが、海に近いその町には、なんとなく潮の香りが漂っているような気がしました。昔は海に近いことを意識したこともなかったのに、自分の記憶をたどろうとすると、この町の存在がありありと感じられて、どこかやさしい気持ちになりました。

東京の人にとっては名前も聞いたことのない小さな町です。

近くには海につながる川が流れていて、友だちといっしょに浅い川底に寝そべって遊んだりもしました。夏なのにひんやりとした川の水は、射るような夏の陽射しで汗ばんだ体をなぞるように滑って、わたしを静かな興奮に包んでくれたことを思い出します。

わたしが昔のことを思い出そうとすると、脳裏に浮かんでくるのはこうした記憶のかけらばかり。

あのころ、わたしは何を愛し、何に傷ついて生きていたんだろう。

もう東京での暮らしにすっかり馴染んでしまったわたしは、か細い記憶の糸をたぐりよせながら、実家へと続く道をぼんやりと歩いていました。足繁く通った道なのに、もうここにわたしの足あとはない。いまは、東京から来た来訪者のひとりでしかないのかもしれない。そう考えると、時間とともに新しく上書きされたのは記憶だけでなく、わたしの考え方や人生まで変えたように思えてきて、この町でのわたしは異質であると思わずにはいられませんでした。

「わたしは、わたし」

唐突に脳裏で再生されたその言葉は、わたしの声ではなく、母の声でした。

潮風の香る道を十数分歩いて見えてきた実家の玄関。家は二階建ての一軒家ですが、少し変わった造りをしていて、ふたつの玄関と階段があり、一方はわたしたちの家、もう一方は祖母の家になっている二世帯住宅でした。祖母の家の一階部分は以前は二十畳ぐらいの広い作業場のようになっていて、わたしが幼いころは、人に貸していました。一階にリビングやダイニングキッチン、浴室などがあって、二階はわたしと弟の部屋と両親の寝室、あとは空き部屋がひとつありました。

「ただいまー」

三和土《たたき》にあがってつぶやきましたが、家には誰もいないようでした。平日の昼間だったので、父も母も仕事に出ているようでした。

しんと静まり返ったリビングを見渡すと、部屋の奥のほうにいまは誰にも触れられることのないピアノがさみしそうに佇んでいます。

かつてのピアノの持ち主は、わたしでした。

ピアノを始めたのは、三歳ごろだったそうです。生まれつき耳が少し悪かったわたしを気遣って母が習わせたと聞いています。そのころの記憶はピアノを弾いていたことしかありません。

少し埃の香りがするピアノカバーをめくり、鍵盤蓋を久しぶりに開けてみました。もう十年以上触れていない白と黒のコントラスト。幼いころのわたしは、この色合いが織りなす世界に住んでいました。

八十八の白と黒の鍵盤は複雑に絡み合って、あらゆる感情を表現してくれます。喜びも悲しみも、うれしさも怒りも、ときには調和し、ときには不協和音を奏《かな》でて、感情のすべてを包みこんでいく。ピアノの音色は、食虫植物のようにわたしの感情を吸い取って、その世界をさらに膨張させていきました。

幼いわたしの感情のほとんどは、鍵盤の世界の奥底に沈殿し、滅多なことでは表に浮かんではきませんでした。まるで深海に沈んでしまった難破船のように。

保育園では常にひとりでいるような子で、同世代の友人たちとの遊びの輪にも加わろうともしなかったようです。

ある日、保育士の先生たちがフルーツバスケットをやろうと言いました。はしゃぐ子どもたちを横目に、わたしはひとりじっとそれを眺めているだけでした。きっと仕草も表情も冷え切っていて、かわいらしさのかけらもない子どもだったんだと思います。万事がそのような調子なので、先生たちは、わたしを無理やり遊びに加えようとはしませんでした。

そんなわたしが一度だけ保育士の先生にきつくしかられたことがあります。

そのころ、わたしには友だちだと思っている子がひとりだけいました。誰かと関わり合いになることが苦手なのに、どんなきっかけでその子と仲良くなったかはわかりません。もしかしたら、友だちだと思っていたのは、自分だけかもしれなかったけど、たったひとりの大切な存在だったのはたしかです。

事件は、二人で遊んでいる最中に起こりました。同じクラスの女の子が「いっしょに遊ぼ」と声をかけてきました。わたしの友だちは当たり前のように「うん」と答えました。

わたしは、それが許せませんでした。

「やだ、遊ばない」

すぐさま、そう答えました。いまとなっては、それが嫉妬のせいなのか、それとも別の複雑な感情によるものなのかはわかりません。でも、どうしても複数の子たちと遊ぶことがたまらなく嫌だったんです。

声をかけてきた園児はあきらめず、何度もわたしたちをみんなの輪の中に加えようとしました。頑としてゆずらないわたしに嫌気が差したのか、その子はわたしの友だちだけを連れていこうとしたのです。

「いやだ!」

めずらしく駄々をこねるわたしに、クラスの園児たちは驚いたり泣き出したり、知らんぷりしたりしていました。中には正義感から「いっしょに遊ばなきゃだめなんだよ」という子もいました。

それでも、わたしの意思が変わることはなく、誘ってきた子をにらみつけたので、彼女はとうとう泣き出して、先生のところに言いつけにいったのです。

「あのね、あのね……」

愛らしく甘える子どもの声で先生にすがりつく彼女を見て、わたしは得も言われぬ不快感に襲われました。どうしてわたしは彼女に、そこまでして感情を抑えきれなかったのか。いつもならもっとうまくやり過ごせたかもしれないのに、その日だけは真っ向から立ち向かう姿勢を崩しませんでした。

原因も理由もわからない強い怒りは、わたしの態度をよりいっそう固くしていきました。

「どうしてみんなと仲良く遊べないの？」

先生は、わたしの視線に合わせてひざまずき、やさしい口調で問いかけました。微笑みを浮かべてはいましたが、その目には、不可解なものを見るような不安と侮蔑の色が浮かんでいました。

「だってお友だちじゃないもん！」

むかしのこと。

わたしは強い口調でそう言いました。今にもこぼれ落ちそうな涙を必死で堪えながら。

先生の顔色はみるみるうちに紅潮していき、微笑の裏に隠していた侮蔑だけが露骨に現れました。

「どうしてそんなヒドイこと言うの!?」

先生の激しい怒りに、わたしの怒りもさらに激しくなっていきました。わたしは悪くない。理不尽なのは先生だ。わたしはただ大好きな友だちと遊びたかっただけなのに。

隣では、遊びに誘った子が泣き出していました。それにつられて教室中で子どもたちの泣き声が響きわたりました。そのなかでわたしは、幼いながら無言で立ち尽くしたまま先生に抗議をしていました。

どうして友だちでもない子と嫌な思いをしてまで遊ばなくてはならないの。それが、あまりに理不尽なことのように思えたのです。

先生は必死にわたしに何かを問いかけつづけていましたが、わたしの感情はたかぶり、何ひとつ耳に入ってはきませんでした。

涙があふれたのは家に帰ってからのことでした。一度堰を切った涙は一気に頬を流れ落ちていきました。悔しくて仕方がありませんでした。母はやさしく「どうしたの?」と聞いてきましたが、わたしが唇を結び、何も言わないところを見るとそれ以上何も聞こうとはしませんでした。そういうときのわたしが、何も答えないことを母は知っていたのだと思います。わたしは子ども特有の「あのね、あのね」が言えない子でした。保育園でも、家でも。

わたしが異質なのは、いまに始まったことではないと思い出して、思わず苦笑いを浮かべてしまいました。

ピアノはいつも、わたしのそばにありました。

ドとミとソの鍵盤を押してみると、弱々しいけど、輪郭のはっきりとした和音が響きました。ドとミとソの和音は、最も基本的なCメジャーというコードです。それぞれの音が支え合うようにして、あらゆる和音の礎《いしずえ》になるかたち。

父と母と弟。わたしの家族。たぶんごく普通の幸せな家庭だったと思います。

父と母はあまり喧嘩もしない一方で、特別に仲のいい関係でもありませんでした。弟は男の子らしく、外で遊ぶことが大好きで、おままごとや人形遊びが好きだったわたしとはあまりいっしょに遊んでいなかったような気がします。両親と同じようにわたしたち姉弟は、ずっといっしょにいるような仲良しではなかったけど、かといっていがみ合うようなこともなく、平凡な姉弟だったと思います。

わたしは、どちらかといえばお父さん子でした。父はあまり怒ることがなくて、いつもやさしく接してくれました。寡黙でしたが、わたしが宿題をサボって母に怒られているときなどはよく慰めてくれました。父はわたしにとって凪《なぎ》のような存在で、風が吹き荒れた空をおだやかに変えてくれる。そんな父が大好きでした。

でも、父といっしょに過ごす時間はあまり多くはありませんでした。普通の会社員をしていた父は、朝七時ごろに家を出ていき、夜は帰りが十時か十一時ごろになることもありました。遅くなるのは、趣味のテニスをして汗を流してくるからです。

父は休日のほとんどの時間をテニスに費やしていたように思います。母もテニスが好きだったので、両親はたいてい弟といっしょにテニスコートに出かけていました。わたしもいっしょに行ったことはあったけど、砂埃が苦手だったので、テニスコートへはあまりついていきたくなかったのです。テニスの遠征などがあったりすると、わたしはひとりで留守番をしていました。

家族みんなでそろって行くところといえば、近所にあったパン屋さんでした。わたしの家には、休みの日の早朝にパン屋さんへ行く習慣があって、そこでみんないっしょにパンを買って朝ごはんを食べることになっていました。家族と食べるパンの香りは、幼いわたしの胸をいっぱいに満たし、保育園のころのわたしはパン屋さんになるという夢がありました。

三人の家族とわたし。こうして思い返してみると、少し距離感があるようにも見えるけど、わたしはひとりでも悲しかったり寂しかったりすることはありませんでした。ピアノの音の波に飲まれて、鍵盤を夢中で叩いている時間が幸せだったからです。

小学校にあがるころにはもう、わたしの夢はピアノの先生に変わっていました。

通っていたピアノ教室は、音大を目指せるレベルまで指導することを目標としていて、先生も厳しい人でした。毎回のように出される課題についていくのだけでも必死で、毎日練習しないと先生が要求するレベルにとうてい追いつくことはできませんでした。

「もう少し練習しなくちゃだめね」

先生は激しく怒鳴るようなことはせず、冷静にわたしのピアノのレベルを測っているようでした。アドバイスはときに残酷に響き、わたしの焦燥感を激しくかきたてました。もっと弾けるようになりたい。その思いだけに突き動かされて、わたしは練習に打ち込みました。

ようやく弾けるようになったと思っても、褒めることもなく、すぐに次のレベルの課題が出されました。沖に行けば行くほど、波が高く険しくなるように、ピアノという海で生き残るためには、泳ぎつづけなくてはなりませんでした。

最初は耳の訓練のためにピアノを習わせることが母の目的でしたが、先生の求めるレベルの高さを思い知ると、次第にその潮流に飲み込まれていきました。

「先生に辞めるって電話しようか？」

わたしがピアノの練習を怠けていると、母は必ずわたしに言いました。いくらピアノが好きだからといっても、わたしはまだ四、五歳です。遊びたい盛りです。

「遊びたいよー」

地団駄を踏み、泣きじゃくっていると、いつもはやさしい母は表情を変えて、毅然とした口ぶりでわたしを制しました。わたしは幼いながらにピアノが自分のすべてだと、どこかで自覚していたのだと思います。ピアノを辞める。それはわたしがわたしでなくなるのと同じ意味をもつように感じていましたし、そのことを母もよく知っていました。だからこそ「ピアノを辞めさせる」という母の叱責を聞かされるたびに、わたしは憔悴しきって、遊びたいという気持ちを心の奥底に閉じ込めることができたのだと思います。

ふだんはよく笑う朗らかな母ですが、完璧主義のような一面もあって、何事も手を抜かずに取り組むところもありました。誕生日会などで友だちを招待するようなときは、必ず豪華な料理が並んで、わたしの友だちを驚かせていました。

「お料理、すごいね！」

どんなメニューだったかは忘れてしまいましたが、普通の家庭ではなかなか見られないラインナップだったと思います。特別な日だけではなく、いつも母の料理は少し変わっていて、わたしが「グラタンがいい」と言うと、ソースの異なる三種類のグラタンが並んだりもしました。そんな母が密かに自慢でもあり、心のどこかで恐れも感じていました。

母は、結婚した当初から料理が得意だったというわけではないと思います。以前、家の整理をしていたときに辞書のように分厚い料理本を見つけたことがあります。付箋の貼ったあとがさまざまなページにあり、どこもかしこもボロボロになっていました。子どものころ、その存在をわたしは知りませんでしたが、母はわたしたちのために料理を必死に研究していたんだと思います。何回も何回も同じページを見ては、予習と復習を繰り返して、誰に褒められるわけでもないのに、おいしい料理を出していたと思うと、改めて母の強さを知ったように思います。母がわたしのピアノに完璧を求めたことは、当然のなりゆきだったのかもしれません。

先生と母。ふたりの大人に導かれるようにして、わたしはピアノの世界に深く潜っていきました。

音大に行って、ピアノの先生になる。それがわたしの夢になるのは必然であり、宿命だったのかもしれません。

小学校にあがると、わたしの夢はよりはっきりとした輪郭をあらわすようになりました。相変わらず心の奥底では、遊びたいという気持ちが暗い影を落としていたけど、ピアノの強い光がことごとく打ち消していきました。

母はわたしのピアノの練習をつきっきりで見ることをしなくなった代わりに、灯台のようにわたしを見守るようになりました。それはときに〝監視〟になることもありました。

数少ない友だちがわたしの家に来て遊びに誘ってくれても、母はその申し出をほとんどはねのけました。

「あなたは、あなたのやるべきことをしないとね」

母はそう言ってわたしに言い聞かせました。指に怪我をしてはならないという理由で、体育の授業も休まなくてはならず、運動会にも積極的に参加することはありませんでした。朝は登校前に練習、学校から帰宅してからも夕飯以外はずっと寝るまでピアノを弾きました。

それは母に言われたからではなくて、わたし自身が望んだことでもあります。友だちと遊べなくても、行事を楽しめなくても、同い年の女子らしいことができなくても、不満はありませんでした。永遠に続くとも思われる課題の波を、ひとつひとつ乗り越えていく。それがわたしの喜びだったからです。

そうするうちに、わたしと周囲との距離感はどんどん広がっていきました。

もし普通というものがあって、それが学校で友だちと遊んだり、好きな人ができたり友情を築いたりすることなら、当時のわたしはあきらかに普通ではありませんでした。

朝、教室に入って「おはよう」の挨拶もなく、席に座ってはそのまま放課後まで口を開くことなく過ごす女の子。そんなわたしに、先生もクラスメイトもどう接したらいいかわからず、持て余していたのだと思います。クラス替えなどをした当初は、好奇心で話しかけてきた子も、あまりに反応のないことに興味をなくし、わたしの存在を気にかけなくなっていきました。決して無視されていたわけではなく、クラスの人々にとって、わたしはいてもいなくても同じ存在だったんだと思います。わたしのほうでも無理をして学校や友だちに合わせることもしなくなりました。

わたしとクラスメイトの間には、高くて頑丈な壁がそびえ立っていて、その壁を越えて仲良くなろうとしてくる子は、数えるほどしかいませんでした。まったくいなかったわけではなかったのですが、小学校のころのわたしは友だちを必要とはしていなかったのです。

学校ではほとんど誰とも話さずに帰宅して、そのまま鍵盤に向かう。ただ、それでよかった。ときどき出なくてはならなかったピアノの発表会やコンクールにもあまり興味はなくて、与えられた課題を淡々とこなすだけ。ときどき素晴らしい賞をもらったりしたときは、先生や家族のみんなが喜んでくれたけど、それもわたしに感動をもたらすことはなく、翌日になれば学校とピアノとを行き来する変わり映えのしない生

活に戻ります。それがわたしのすべてと言っても過言ではありませんでした。

ピアノを弾くことは、わたしにとって酸素ボンベのような生命維持装置だったのかもしれません。いつの間にか外界と隔絶された深海まで潜っていたわたしは、ピアノがなければ呼吸ができなくなっていたのです。

でも、地上に生きるみんなにとって、ピアノはわたしの特技のようなものにしか映らなかったようです。小学校四、五年生ごろ、わたしは合唱コンクールで伴奏するよう先生からお願いされました。

「ピアノ、すごい上手なんだよね」

深く知りもしないはずのクラスメイトが賞賛してきました。その目には、わたしの本心を探るような好奇心が宿っていました。

「そうでもないよ」

わたしは、自分のことを上手に弾けるほうだと思ったことはありませんでした。コンクールでは、自分よりも上手い人なんてたくさんいたし、先生には相変わらず「もっと練習しなくちゃね」と言われていたし、そもそもピアノのことで、自分と他人とを比較したくなかったんです。

それに、「ピアノの上手な人」として見られることに、小さな違和感を覚えていました。その違和感は、透明な真水に一滴の絵具が混じった不純な水のように、わたしにとってのピアノは、それまでとは少しずつ変わっていきました。

学校の発表会で弾くピアノは、これまでの課題と比べれば、単純で簡単な演奏でした。でも、コンクールとはちがう緊張感が走りました。クラスメイトがいっせいにわたしのことを見て演奏が始まったからです。わたしの指は、かすかに震えていました。ピアノの先生だったらすぐに怒られてしまうような細かいミスをしても、クラスメイトたちは気づかず、気持ちよさそうに歌っています。ハーモニーとはほど遠い歌声が、ピアノと不協和音を生み出して、わたしの心は次第に不安定になっていきました。

演奏を終えたあと、担任の先生は「あなたに頼んでよかったわ」と、わたしを褒めました。これが母だったら、ピアノの先生だったら……。深い海の底でたゆたっていたわたしの世界に何かが侵入して、巨大なうねりを生み出そうとしている。それは、やがてわたしを呼吸困難に至らしめるほど大きくなっていきました。

中学生になっても、相も変わらずにピアノと学校を行き来する毎日が続きました。

でも、小学生のころとはあきらかに何かがちがっていました。

まだ自分でも気づかないほどの小さな違和感でしたが、それがいずれ大きく広がっていく予感がしていました。

入学して一週間ほどが過ぎたころ、新入生は入部届を出さなくてはなりませんでした。その中学では、全員が部活に参加しなくてはならなかったからです。いろいろと迷った挙句、わたしは入部先を決めました。

「何言ってるの？　そんなこと許されるわけないじゃない！」

わたしが書いた入部届を見た母は激昂しました。

藁半紙にプリントされた簡素な入部届には「柔道部」と書かれていました。ピアノを弾いている人間にとって指は決して怪我をしてはならないので、柔道なんてもってのほかです。小学校のころは、体育でも指を怪我しないように注意していたのに、まさかわたしが柔道部に入るだなんて、母は信じられなかったと思います。

「考え直しなさい」

母は少し気を取り直して冷静に努めているようでした。でも、わたしの気持ちが揺らぐことはありませんでした。

「もう決めたから」

「どうして？　ピアノの先生に何て言うの？」

「ちゃんと自分で説明するから」

母は、一度決めたことを曲げないわたしの性格を熟知していたはずなのに、このときはめずらしく何度も食い下がってきました。だんだん面倒くさくなって、わたしは二階の自室に籠もりました。

どうして柔道部なんだろう？　わたしにもよくわかりませんでした。これまでスポーツに興味を抱いたこともなかったし、ましてや武道なんてまったくの異世界でした。その年は女子の入部希望者が多くて入りやすかったことも関係していたのかもしれないけど、それが理由ではないように思います。

小学校のときに生じた小さなほころび。それはわたしの意識できない心のどこかで着実に広がっていて、それまでありえないような行動へと突き動かしていたのかもしれません。

ピアノの先生が怒るのも当然でした。

「あなた、何考えてるの？」

先生は母よりも冷静でしたが、その眼光は母よりも鋭かったのを憶えています。

「わかってます。でも、柔道部に入りたいんです」

筋の通らない屁理屈を並べ立てるわたしに、先生はそれ以上深く詮索しようとはしませんでした。ただ、どこか落胆したような表情を浮かべて、小さくため息をついていました。

思春期を迎えた子どものささやかな反抗期だと思われていたのかもしれません。母も先生も仕方ないとあきらめ、すぐに音《ね》をあげて戻ってくるだろうと思っていたはずです。

でも、二人の予想に反して、わたしは柔道部を二年ほど続けました。

部活動でも仲のいい友だちはできなかったし、特別に強くもなれなかったけど、それでもピアノ以外の何かを続けるということがわたしにとって大切なものだったように思います。体にあざを作ることもあったし、突き指することもありました。そのたびに母や先生から小言をもらっていたけど、辞めることは考えませんでした。

柔道部での日々はわたしを少しだけ変えてくれたように思います。

ただ、三年生に進級してすぐ、わたしはまた母を困らせることになりました。

高校に進学したくないと、母に告げたのです。

「なんで？　音大に行くには高校を出なきゃ」

そんなことはわたしもわかっていました。まだピアノは好きで、音大を目指す気持ちはあったのですが、学校には行きたくありませんでした。

いまとなってはわからないことですが、もしかしたら、もう一度ピアノだけに向き合いたかったのかもしれません。きっとこのころから次第にピアノを弾くことの楽しみを見つけられなくなっていたから。

「ダメよ、絶対にダメ。高校にだけは行きなさい」

頑固なのは、もともと母譲りなので、このときばかりは母もわたしもなかなか折れずに平行線のままでした。

母はきっと娘はどうしてこんなに困らせることばかり言うのだろうと疑問に思っていたにちがいありません。その一方でわたしも反抗の理由をはっきりとわかるわけではありませんでした。

何かがちがう。ただ、それだけでした。

朝、おいしいパンを食べていても、学校に行って友ちだとお話していても、ピアノを弾いていても。何もかもが今までの自分とちがうような気がしたのです。最初はそのズレがほんの小さなものだったのに、どうしても直すことができなくて、日に日にそのズレが大きくなっていくような感覚でした。

そのせいで、わたしは苛立ち、自分の願いを聞き入れてはくれない母とも何度もぶつかりました。

ケンカというほどのものでもないかもしれないけど、それでもここまで二人の意見がかみ合わないことはありませんでした。

そんなとき、父のひと言が流れを変えました。

「ひとまず高校に行ってみて考えればいいじゃないか。それからでも遅くはないと思うよ」

父は、リビングでそうつぶやきました。

高校に行きたくない気持ちはまだあったけど、行ってから考えるという父の言葉を信じてみることにしました。

でも、高校で味わったのは苦痛でしかありませんでした。

人と交流する習慣のないわたしが中高一貫の女子高になじめるはずもなく、小学校や中学校までは少ないながらもできていた友だちとも会話しないようになりました。

中学校からエスカレーターで進学した女子たちは、あまりにも生々しい魔物でしかありませんでした。彼女たちは欲望を隠そうともせず、口を開けば異性やアイドルのことばかり。それが悪いことだとは言わないけど、それまでピアノの世界に引きこもっていただけのわたしにとって、現実はあまりに色彩が強すぎて、異様なものにしか映らなかったのです。

高校の記憶は、もうほとんど残っていません。それぐらい消したい記憶だったのかもしれないし、得たものが何もなかったからかもしれないけど、とにかくその高校で生きていくことはできませんでした。

二年生になると、ほとんど学校に行かなくなってしまいました。

父も母も心配してくれてはいましたが、学校に行けと強要することはありませんでした。それはわたしがまだピアノを続けていたからだと思います。

でも、わたしが愛していたピアノの世界は、このころすでに崩れ落ちる寸前でした。深い深い海の底に築いたはずのわたしだけの世界。外界とは関係ないところだと思っていたのに、本当は少し手を伸ばせば、そこに現実があって、その現実はいつでも波風を起こして、わたしだけの世界をかき乱しました。

子どものころからずっと弾いてきたこともあって、わたしは知人や近所の子どもから教えてくれと言われることもありました。最初はそれに応じようとしましたが、いざ教えようと思ったとき、何から伝えていいのかわからなくなってしまったんです。

「どうしたの？」

わたしが何も弾かずに黙りこくっていると、彼女たちは心配そうに聞きました。

「あ、ううん、何でもない」

ただ、そう答えることしかできなくて、結局教えることはできませんでした。

音大に行って、ピアノの先生になる。

それまで何も疑わずにその未来に向かって生きていました。ただひたすらに鍵盤を叩きつづけたのも、おぞましいだけの高校にも通っていたのも、すべてはその夢を叶えるためでした。

でも、誰かに教えることには、強烈な嫌悪感しかありませんでした。

きっと、それはピアノがわたしだけの世界だったから。

そこに現実が入り込むことは許しがたかったし、わたしが本当に弾きたかったピアノではありませんでした。

そう気づいたとき、わたしはひどく狼狽しました。

わたしはただ出された課題をこなして、それが終わればまた新たな課題を弾きたかっただけなのです。誰かに教えたり、ピアノを研究したり、楽曲を作ったりだなんて、少しもやりたいとは思いませんでした。

その日、家に帰って鍵盤蓋をもう一度開いてみました。

白と黒のキレイなコントラスト。あんなにも楽しいと思えた鍵盤の世界。試しに和音を鳴らしてみました。ドとミとソ。でも、そこはあの海の底ではなくて、何の変哲もないリビングにすぎませんでした。

わたしは、そのときピアノを辞めました。

恋のこと。

鍵盤蓋とピアノカバーを元に戻して、部屋を見渡すと、外は夕暮れが近づいていました。傾いた陽射しが少し隙間の空いたカーテンからこぼれ落ちてきて、リビングにあるテーブルを赤く染めていました。

すっと伸びるテーブルの脚の影。じっと眺めていると、だんだんと斜めになって影は長くなり、その先の光の当たらない大きな影に飲み込まれていきました。

ピアノを辞めたばかりのわたしも、こんなふうにして大きな影の一部になってしまっていたのかもしれません。

あのころのわたしには、何もありませんでした。

「どうして辞めるのよ」

ピアノを辞めると告げると、母は青ざめた顔でわたしをにらみました。

「もう弾きたくなくなったの。たぶん意味がないから」

わたしも子どもじみたことを言っているのはわかっていました。弾きたくなくなった、というよりも、弾けなくなったというほうが正しいかもしれません。もう大好きだったピアノの世界はここにはなくて、どこに行けばいいのかもわからなかったけど、もう二度とピアノを弾くことはないだろうという強い思いだけはありました。

「それじゃあ、わからないじゃない。ちゃんと理由を教えて」

わたしは、人にピアノを教えたくないこと、人に教えられないのならピアノの先生にはなれないこと、ピアノの先生になれないのなら音大に行く必要はないことを整理して伝えました。

母は、それでも納得してはいないようでした。

「そんなの屁理屈じゃない。ここまでやってきて、どうしてそんなふうになっちゃうの？　音大に行ってピアノをやらないという道はないの？」

「ごめん、それはできない」

わたしにとって、ピアノの先生になるための音大であって、その未来に自分の居場所がないことがわかってからは、音大という道さえも無駄なもののように思えてしまったんです。

「もうちょっとよく考えなさいよ」

母とわたしは何度も話し合いましたが、それでもわたしの結論に変わりはありませんでした。

そして、わたしは追いうちをかけるように高校を辞めたいと告げました。

このころのわたしは、いつもやさしい母を困らせてばかりいました。

「ダメに決まってるじゃない」

でも、もう高校に行く理由はありませんでした。音大に行くためにどこでもいいかららという理由で適当に入った高校だったし、それにどうしてもあの恐ろしい女子高生たちと同じ空間で同じ時間を過ごすことは考えられませんでした。

何もかも放り出してしまおう。

それが何かから逃げているのか、それとも何かと闘っているのか、わたしは深く考えもせずに、突然浮かんだ思いのまま必死に母を説得しました。

母はピアノを辞めることを納得しないまでも理解はしてくれたようです。でも、学校を辞めることだけはどうしても許してくれませんでした。やさしい父も強くは言わないまでも反対の立場でした。

「あと少しだから、がんばってみようよ」

わたしには、どうして両親がそんなにも高校に行かせたがるのか理解できませんでした。音大に行く意味がなくなったのだから、高校だって辞めたいというわたしの思いが強すぎたんだと思います。

ちょうどそのころ、わたしは喫茶店でバイトを始めました。ピアノも弾きたくないし、学校にも行きたくなかったのですが、かといって家に閉じこもっていたくもなかったからです。

マスターは気さくな人で、笑顔が似合ういわゆる善人そうなタイプでした。人と話すことが苦手なわたしでも、いつしか気軽に話せるような仲になっていました。

それまであまりプライベートなことを他人に話すことはなかったけど、マスターには思いきって高校を辞めたいと思ってることを相談しました。

子どもだったわたしは、自分の思いのたけを話しました。わたしなりに結論に達していたことだったので、うまく伝えられたはずでした。

コーヒーを一口飲んだマスターは、小さなため息をついて話しはじめました。

「当たり前だよ」

「えー、なんでですか？」

「やりたくないからやらない、行きたくないから行かないっていうのは、すごい子どもの意見でさ」

冷めたコーヒーをもう一度口元に運んでからマスターは続けました。

「子どもっていうのは親に守られて生きてるんだから、親の言うことを聞くべきなんだ。だからさ、学校には行くべきだよ」

いま考えれば、ごく当たり前のことを言われているのですが、そのときのわたしはマスターの言葉に妙に納得させられてしまいました。屁理屈ばかりこねて母の言うことをまったく聞いてこなかったことを少し反省して、わたしは帰り道の間、ずっと学校に行くことを考えていました。

「お母さん」

わたしは家に帰ってすぐ、夕食の支度をしている母に声をかけました。キッチンにはカレーのいい香りが漂っていました。

「おかえり。なに？」

母はお玉でカレーをかきまぜながら、少し微笑んで答えました。連日学校のことで言い争っていたから、母も急に声をかけられて気恥ずかしかったのだと思います。

「わたし、学校行く。でも、いまの学校はどうしても嫌だから転校させてもらえないかな?」

母は、わたしの目を少し見つめたあと、またカレーの鍋に向き直りました。

「わかった」

わたしが生きてきたなかで、たった一度だけ自分の意思を曲げたときでした。

こうして女子高を辞めて、共学の高校へと移りました。

リビングの先にあるキッチンには、調理器具やお皿、調味料などが整頓されて並べてありました。大雑把なわたしとはちがって、なんにでも几帳面な母は一度決めたルールをしっかり守るので、器具は変わっても置き場所は子どものころと大きな差はありません。

母は渋々ではありましたが、転校という条件ならばということでわがままを許して

十八歳未満

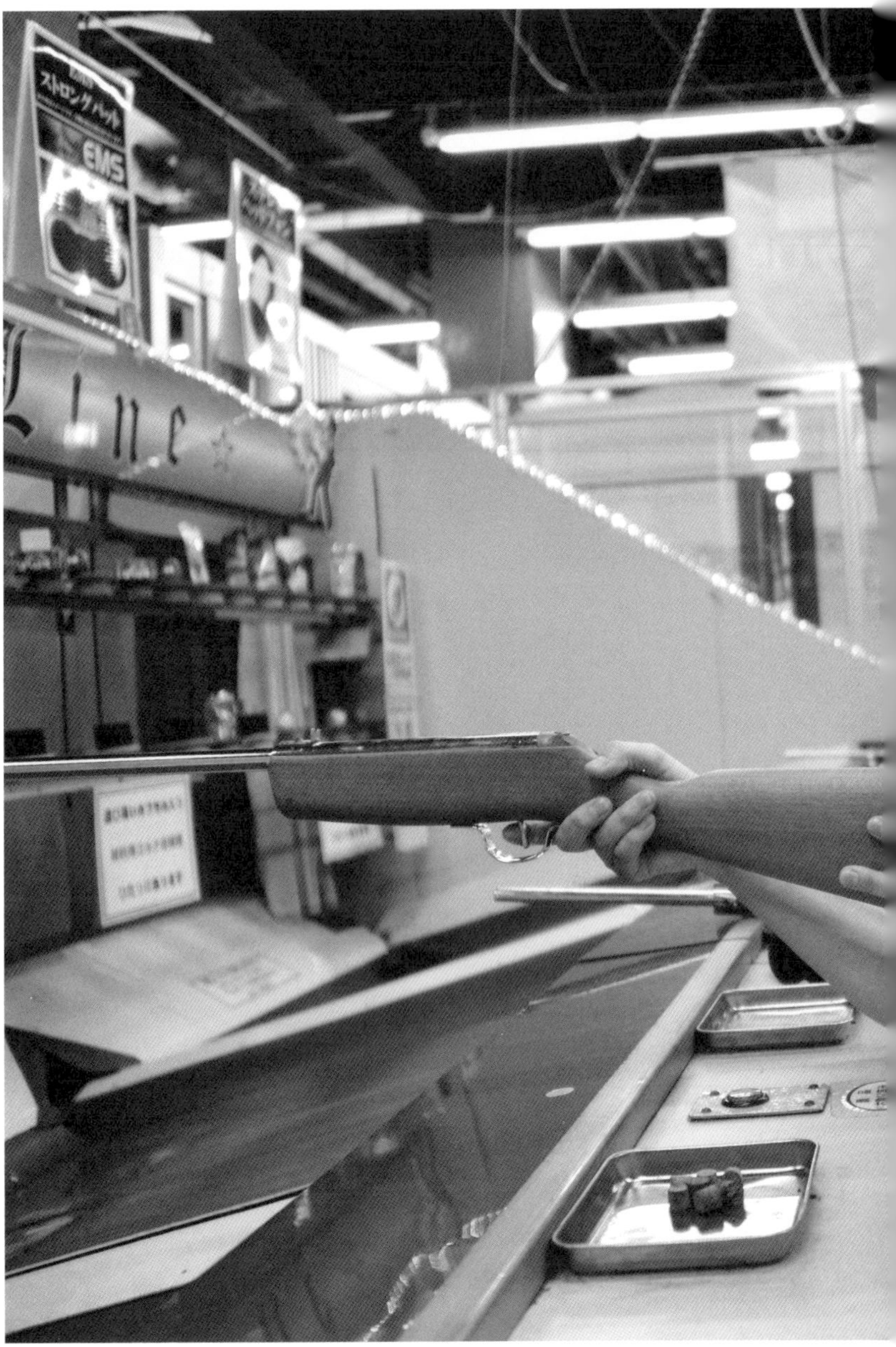
ストロングバット
EMS

くれました。ピアノを辞めたこともきっと寂しかっただろうけど、もともと「わたしはわたし」と教えてくれた母なので、あまりしつこく言うことはありませんでした。

新しい学校は、以前の学校よりも校舎は少し古びていたけど、森のように新鮮な空気が立ち込めているような気がしました。ピアノも何もない自分は、まるで生まれ変わったような気分でした。

もともとコミュニケーションが苦手なうえに転校生というハンデがあったものの、クラスのみんなはすんなりとわたしを受け入れてくれました。ピアノのレッスンがなくなったことで、放課後に出かける時間ができたことも幸いでした。わたしはクラスメイトとどこかで時間をつぶす機会も増えたし、幼なじみのアミという女の子とも頻繁に遊ぶようになりました。

子どものころはできなかった友だちとの遊び。わたしには、何もかもが知らない世界で、ご飯をみんなで食べたり、カラオケに行ったり、遊園地ではしゃいだり、そんなごく当たり前の女子高生らしいことができたのも転校してからのことでした。

そんなとき、突然に出会いはやってきました。

クラスの友人たちに誘われるまま、男子数人と女子数人でカラオケボックスに集まりました。女子高時代に比べれば、ずいぶんと人にも慣れてきていたつもりでしたが、やっぱり初対面の人たちを前にするとうまく言葉が出せず、どうしていいかわかりませんでした。

ほとんどうつむいたまま過ごしていて、男子たちの顔もまともに見ることもできませんでした。そのとき、ひとりの男子が声をかけてきたんです。

「ねえ、名前は？」

ふと顔をあげると、そこにはイケメンとは少しちがったやさしい顔立ちの男子が柔らかくほほ笑んでいました。

この人だ。

わたしは、この人と付き合うことになるということを直感しました。アキユキ君。それがわたしの初恋の人でした。

最初はどちらともなくメールを交換して、すぐに遊びに行く約束をしました。アキユキ君は大学生で、車を持っていたので、ふたりで遊びに行くときも人目を気にする必要はありませんでした。

何をするわけでもなく、行くあてもないドライブをよくしていました。わたしはまだ付き合うためにどういう手順を踏んだらいいのかもよくわかっていなかったので、ほとんど彼の提案することに「うん」とうなずくだけだったと思います。

付き合うまでにかかった時間は一週間だったか、それとも一カ月だったのか、はっきりとは覚えていません。告白は彼のほうからでした。

「俺たち、付き合おっか?」

ごく自然に会話の中でさらっと言われて、思わず聞き流してしまいそうだったけど、初めて耳の奥で響く言葉に胸が熱くなりました。

わたしはいま恋をしている。

異性に対して初めて「好き」という感情を抱いたことに、わたしはこれまで感じたことのない高揚感を覚えました。

大好きだったピアノを弾いているときとはちがう、チクチクと心をくすぐられるような感覚のまま、わたしはいつものように「うん」と首を縦に振っていました。

彼の車に乗って十数分。わたしの家までの道のりで何を話したのか、いまとなってはまったく思い出せません。きっと彼が話すことに「うんうん」と答えるばかりだったと思います。

彼といっしょにいるのが恥ずかしくて、でもうれしくて、彼の車に乗ると、抱きしめられているような気がして、居ても立ってもいられなくなりました。

ようやく着いた家から少し離れた道で彼はハザードランプを点けて、わたしに顔を近づけてきました。

それが、わたしのファーストキスでした。

あっという間の出来事だったので、何が起きたのかわからずにぼうっとしているような状態で、わたしは車のテールランプをじっと見つめていました。

ふと唇に指先を当ててみると、まだ彼の感触が残っているようでした。その瞬間に体がぽっと熱くなって、それまで冷静でいたのが嘘のように舞い上がってしまいました。

人と付き合うことが苦手で、言葉を発することさえもうまくできなかったのに、こんなにもいっしょにいたいと思えることが不思議でした。

帰宅して玄関を開けると、母はいつもと同じようにキッチンで料理を作っていました。

「おかえり」

母は屈託のない笑顔を浮かべて、わたしを迎え入れました。その日の自宅はいつもより温かく感じました。


アキユキ君と付き合うようになり、わたしの行動範囲はどんどん広がっていきました。親友のアミとも他愛のない話をしてはいっしょに笑い合う穏やかな時間が増えました。彼との話題になると、わたしは少し恥ずかしくなってしまいましたが、ノロケ話もしていたと思います。きっと女子高に通って音大を目指していたら、こんなふうに過ごすこともなかったはずです。

彼とはかなりの頻度で会っていました。相手が大学生で車を持っているということもあって、お互いに時間の許すかぎりデートをしていました。彼は結婚願望の強い人だったので、自然とその話題になることもありました。

「このまま付き合ってたら結婚できるかな？」

正直言って、まだ結婚には現実感がなくて、そのときはただアキユキ君のそばにいることが幸せで、ずっといっしょにいたいとだけ思っていました。会う時間が多くなるたびにその想いは強くなっていって、いつしかこの人のためなら何でもできるかもしれないとさえ考えていました。

そんな彼と結ばれるのには、時間は必要ありませんでした。

きっと付き合って一週間か十日ぐらいのことだったと思います。わたしがひとり暮らしをしている彼の家に遊びに行ったときのことでした。

そのときは、ふたりでくっつき合ったり、キスをしたりして普通の恋人のように過ごしていて、そうなったのは、自然の流れでした。

彼がわたしの上になってキスをして、服の中に手を入れてきて……。

初めては痛いというのは友だちからも聞いていたし、たしかにそのとおりでした。じっと我慢していたけど、彼も「大丈夫？」と声をかけてくれていたし、このまま終わらせたくないという気持ちのほうが強かったのかもしれません。

彼のことが好きだったので、いっしょになれたことのほうが幸せでした。

彼との交際は幸せな記憶しかなくて、ただの一度もケンカをしたことがありませんでした。でも、わたしが高校三年生に進級するとき、彼は就職で東京のほうに戻ることになり、わたしたちの仲はだんだんと疎遠になっていきました。彼はもともと関東の出身だったので、いつまでもわたしの地元にいられないことはわかっていました。

「次、付き合う人がもしいたとしたら結婚すると思う」

別れる際にアキユキ君が残した言葉です。きっといまは奥さんと子どもに囲まれて幸せな家庭を築いていると思います。

別れは悲しかったけど、ずっと泣くことはありませんでした。むしろ幸せな余韻を残してくれたことに感謝さえしていました。

彼と別れてから、少し時間に余裕ができたので、わたしはドラムを習うことにしました。実は少し前からピアノ以外の楽器を試してみたいと思っていて、ピアノとはまったくちがうドラムに惹かれていたからです。

決してドラムに向いていたとは言えないけど、それでも慣れていない楽器を一から習得する新鮮さに夢中になりました。一カ月ほどたつと、基本的なエイトビートが叩けるぐらいまでになって、スタジオでバンド演奏も楽しめるようになり、ライブハウスに出たこともありました。

自然とバンド関係者との接点も増えていって、いっしょにスタジオを使っていた人の紹介で知り合ったのがコウジ君でした。

やせているコウジ君はギターを弾いていて、会社務めをしながらバンド活動を続けていました。アキユキ君のときのように、コウジ君と出会った瞬間も付き合う予感がして、そのとおりの関係になっていきました。

このころのわたしは、目に映るものや経験するものの何もかもが新しくて楽しくて、無意識だったけど小中学校でしてこなかったことをすべてやっていたように思います。

コウジ君はアキユキ君と同じように、とてもやさしい人で、いつもわたしのことを気遣ってくれていましたが、会社員だったので会う時間は限られていました。

それでもコウジ君との付き合いは、急速に深まり、わたしは相手のご両親とも挨拶する仲になっていました。

彼は、ちょうど二十代半ばだったので、わたしとの結婚を本気で考えていたようです。

「卒業したら、まじめに結婚を考えてくれないか？」

彼のことは本当に好きでした。

でも、わたしはまだ結婚のことを考えられる年齢ではなかったし、もともと結婚願望が弱かったこともあって、少しずつすれちがうようになっていきました。一度かけちがえたボタンはもう元に戻すことはできませんでした。

アキユキ君とは一度もしなかったケンカも、コウジ君とは何度もしました。きっかけはとてもささいなことだったり、彼が浮気をしているとわたしが疑ったりというようなことでした。

彼が本気で結婚を考えれば考えるほど、顔を合わせればケンカをするようになって、わたしたちの仲はギクシャクしていました。

もう終わりかも。

いつの日かそう考えるようになっていました。実際に連絡も途絶えがちになり、もう彼に問いかける言葉も浮かばないような状況になっていたのです。

でも、彼はそう思っていなかったようです。

彼の深い愛情はすごく嬉しかったけど、彼の想いにわたしは応えることがどうしてもできませんでした。

まだいろいろなことがしたかったのかもしれないし、結婚という現実が重すぎたのかもしれません。

結婚話がもつれて、彼の両親もわたしに敵意を向けるようになり、だんだんとわたしは追いつめられていきました。そうして最後はお互いの家族が話し合って別れることになりました。

彼は最後に言いました。

「君と結婚したかったのに」

どうしてわたしは結婚したくなかったのだろう。本気で好きになった人なら、そうしてもよかったのかもしれない。結婚して彼を幸せにできるかどうかなんて、いまでもよくわからないけど、そのとき申し訳ない気持ちでいっぱいになったことだけはたしかです。

それがわたしの最後の恋になりました。

ある日曜日の朝、ぼんやりとパンをかじりながら、わたしは卒業後の進路について考えていました。窓を開けると冷たい冬の風が部屋に入り込んできました。

「寒いから閉めてよ」

弟がこたつにくるまって肩をすくめました。いつもと変わらない日常。天井にはいつできたかも知れないシミがいくつかあって、ふとこの家から出ることを思い描きました。

「お母さん、わたし専門学校に行く」

「え？　何言ってるの？」

また母を困らせたようです。専門学校に行くというのも夢というよりは家から出て

自立したいと思ったからです。

「今度は何を言い出すのよ。専門学校に行ってどうするの?」

「学校を出て、仕事するの」

そして、いつものようにわたしも折れませんでした。

そして実家から近すぎず遠すぎない学校を選び、ひとり暮らしをさせてもらうことにしました。幸いバイトの人の紹介で安い一軒家を借りることができそうだったので、家賃はバイト代だけで工面できそうでした。入学金も奨学金でまかなうことにして、両親には負担をかけずに家を出ることにしたんです。

親友のアミは、わたしがひとり暮らしを始めることに賛成してくれました。これまでの経緯をすべて知っているアミは、両親に迷惑をかけないというわたしの考えに共感してくれて、引っ越して初めてわたしの家を訪れてくれた人です。

「けっこうボロいけど広くていいね」

アミはわたしに対して、感情をストレートに出します。気が置けないので、話していてとても楽な関係です。アミに彼氏ができたときは必ずといっていいほどすぐに紹介されました。

友だちの少ないわたしにとって幼なじみのアミは、家族と同じように大切で、恋人よりもお互いをわかり合える存在です。

だから、アミには一番最初にＡＶに出ることを電話で告げました。

「え、なんで!?」

アミは電話の向こうで声をしゃくりあげて泣きました。

「そんなことする必要ないじゃん！」

大粒の涙を流して、目を真っ赤にしているアミの姿は簡単に想像できました。

「でも、わたし決めたから。ＡＶに出てみる」

「わたしはイヤだよ～」

アミも母と同じように、わたしが一度決めたことを曲げない性格なのをよくわかっていて、それ以上引き留めようとはしませんでした。それでも、アミはわたしのことを思って涙してくれていることが嬉しい反面、なんだか申し訳なくてなりませんでした。

「大丈夫。なにかあったら一一〇番するから」

「絶対だよ～」

泣きじゃくりながらアミは納得してくれました。

わたしがＡＶに出ようと決心したのは、新生活が始まって間もなくのことでした。誰かに相談することなく自分で決めたことだったので、アミ以外に口外するつもりはありませんでした。

事務所も気を遣ってくれて、コンビニ誌などの目立つところでの宣伝はしないと約束してくれました。

わたしもＡＶが世間にどれぐらい認知されているか知らなかったし、父や母に見つかることはないと思っていました。バイト先の雑貨屋さんでは知られてしまいましたが、両親が目にする機会なんてないと考えていたんです。

でも、遅かれ早かれ打ち明けなくてはならないとも思っていました。だから、わたしが企画単体へと転身することになったとき、母に告白することを決めたんです。

「お母さん。わたし、ＡＶに出たの」

わたしの唐突な告白に、いつもは気丈な母もさすがに動揺しているようでした。重苦しい沈黙に空気はよりいっそう重たくなりました。

「どうして？」

そう言った母の声は少し震えていました。今までいろんな人たちがわたしにそう尋ねてきましたが、誰の言葉よりも強くわたしの胸を打ちました。母の瞳にはすでに大粒の涙が溜まっていました。

わたしは精一杯声を振り絞って答えました。ＡＶに出てしまった罪悪感ではなく、母がこんなにも悲しそうな顔をしていることに胸を締めつけられたからです。

母の頬を涙が伝っていました。意味がわからないのも当然です。自分でもわけもわからずにＡＶの仕事をしている最中だったから。わたしが言葉にすればするほど、母は戸惑いの色を深めていくようでした。

「これからどうするつもり？」

母は、言葉を確かめるようにゆっくりと口を開きました。

「もうちょっと続けてみたいの」

「そんなのダメに決まってるじゃない」

母がこんなにも感情的になっているところは、あまり見たことがなくて、わたしもうろたえてしまいました。

それでも、わたしはＡＶの仕事を続けたいと訴えました。母が真剣にわたしのことを思ってくれていることはわかっていました。

でも、だからこそわかってほしかった。わたしがこれから進もうとする道を受け入れてほしかった。

「きっと大丈夫だから」

わたしは素直に気持ちだけを伝えました。母はしばらく不機嫌でしたが、時間がたつにつれて、いつもと変わらない態度でわたしと接してくれるようになりました。いまでも家族は、あの日の家族のままです。

そんな両親を見ていて、ときどき強く思うことがあります。

わたしは愛されている。

ＡＶという仕事を続けるわたしを受け入れて、泣いてくれる友だちがいる。実家に帰れば、子どものころと変わらずに温かいご飯をいっしょに食べて、他愛のない時間を過ごしてくれる家族がいる。それだけでもわたしは幸せ者だと思います。

キッチンに並ぶ調理器具や食器は、いつもピカピカで、わたしたちの帰りを待っているようでした。母が作ってくれたご飯を家族みんなで食べる。ごくありふれた家族の光景だけど、わたしにとって、それはかけがえのないものです。

ほんの少しだけ幸せの本当の意味がわかったような気がしています。

これからのこと。

友だち、恋人、家族、それにＡＶ。

ピアノを辞めてからのわたしは、それまでせき止めていた人間関係という流れに身を任せるようになりました。

ただ流されるわけではなくて、わたしはわたしのまま流れのなかに存在していて、それが誰かを悲しませるという結果になろうとも、わたしはその流れにしたがうように生きてきました。

アミや母の涙を見て、心はぎしぎしと軋みました。大事な人を悲しませることほど、苦しいことはありません。

それでも、わたしはＡＶを辞めるわけにはいかなかったのです。

なんでだろうと何度も考えました。ＡＶ女優でありつづけることに強い意思はなかったけど、それでも深い意味はあったようにも思います。

自分を表現するための手段でもなく、自分を生かすための方法でもなくて、一度ＡＶという場所に出たのだから、もうどこに行く必要もないという気持ち。この気持ちは、いつになってもうまく言葉で表現できないかもしれません。

ピアノの世界に潜っているときは、幸せだったし、楽しかった。いまはもうまったく弾かなくなってしまったけど、あのめくるめく音の世界はとても大切なものでした。

その存在を失ったとき、わたしはきっと絶望していたんだと思います。

あのころは絶望というものがどういうものなのか知らなくて、空《むな》しさだけがわたしを覆いつくしていました。意味を失ったピアノは、わたしをもう二度と幸せな世界へと連れていってはくれなくなりました。

生活のほとんどすべてだったピアノを失って、学校に行く理由もなくなり、いろんな人たちと恋や友情を育むことになって、そうしてわたしは少しずつわたしというものの正体を知っていきました。

ここは、わたしの居る場所じゃない。

正直なところ、わたしは社会不適合者なんだと思います。結婚を望む彼氏に応えることもできなければ、グループに混じって人と仲良くすることもできないし、母や父が望む道を歩むこともできませんでした。

だからきっと、AV女優という仕事を選んだのもわたしのなかでは自然なことだったんだと思います。

ここではない、まったく誰も知らない世界。東京、ＡＶ。

わたしの居るべき場所とまでは言わないけど、少なくともここは、わたしが地元の次に長い時間を過ごした場所であることにちがいはありません。


東京で初めて一夜を過ごしたのは事務所が用意してくれた浜松町のマンションでした。

ワンルームの小さな部屋は、最低限のものはそろっていて快適でした。隣には誰も知らない人が生活していて、外に出ても誰もわたしだと気づかない街。そのベランダから眺める夜景は、地元で見る夜とは何もかもがちがっていました。

オフィスビルは真っ黒な箱のようで月明りを遮り、雲ひとつないというのに星はほとんど姿を隠してしまっています。

静かな空とは対照的に、道路を行き交う車のヘッドライトは騒がしく街を照らして、無数にある道路はゆらゆらと輝いていました。

東京の夜は、地元の夜とは真逆です。星空と地面がひっくり返ってしまったみたいで、わたしの心をざわつかせました。

その夜景のなかで、赤い鉄塔がひとつそびえていました。

東京タワー。深夜になっても暗い闇のなかで煌々と輝いていて、その赤色は真っ暗い夜空に突き刺さっているようにも見えました。

わたしは、東京タワーが好きでした。

撮影のたびに浜松町のマンションに泊まっては、ひとりでぼんやりと東京タワーを眺めていると、少し心強く思えたからです。

あのころのわたしは、東京とひとり暮らしの部屋を行き来していました。バイトも辞めて、仕事がAVだけになると、移動と撮影の連続でした。

忙しい毎日で体重が減ってしまうこともあったし、不調の末に仕事を休んでしまうこともありました。

そんなとき、よく東京タワーを眺めていました。

癒されていたかどうかはわかりません。でも、東京タワーのある夜景を見ていると、自然と心が落ち着きました。

きっといつか、東京タワーのある、この街にいることになると予感していたのかもしれません。


わたしが東京に引っ越してきたのは、デビューから二年以上がたってからでした。そのころにはもう浜松町のマンションにいる時間が、地元の部屋にいるよりも長くなっていたからです。

東京に引っ越すと聞いたアミは喜んで賛成してくれました。

「すぐに遊びに行くね！」

それが久しぶりの連絡だったけど、何も変わらないアミに少しだけホッとしたような気がしました。

地元から遠く離れても、いままでの自分がいなくなるわけではないですが、少なくとも東京で出会うほとんどの人がわたしのことを「つぼみ」と呼びます。

本当の名前ではなく、「つぼみ」としか認識されなくなる。それがいいか悪いかなどと考えるまでもなく、自然とそれを受け入れていました。

わたしは、いままで自分の生き方について自意識とかプライドをもったことなどないのだと、つくづく感じています。

川に浮かべたボートの上で、ただ川面を見つめながら、流されていく。東京に来てからはとくに流れに逆らわないようになりました。

お仕事を紹介してもらうときも、撮影をしているときも、プライベートを過ごしているときも、自分がどこに行ってしまうのかわからないまま、ずっとその流れの行き先を見守っているような気分に近いのかもしれません。

それは不安ではありますが、楽しみでもあります。

その流れがあまりに速くて、気分が悪くなってしまうと、少しだけ岸に降りて休みたくなることもあります。そういうときはいつでも降りられるし、戻れるという根拠のない自信もあるんです。

これがアミなら、きっとまったく別の気持ちになっていたことでしょう。ボートにマストをつけたくなるし、行き先を知りたくなるんじゃないかなと思います。

でも、わたしはちがいました。

AV女優になってからはずっと、「先のことはどうでもいいや」という感覚だったので、安全なボートに乗ろうとも考えませんでした。

世間知らずと言われればそうかもしれないですし、あきらめたと言われれば、もしかしたらそうなのかもしれません。

ただ、「えいや！」と覚悟してAV女優になることを決めたわけでもないし、それまでの自分を捨てたかったわけでもないんです。どうしても誤解されがちだけど、わたしはAV女優として流れるままに日々を過ごすいまがとても居心地よくて、過ごしやすいんです。

だから、このお仕事を続けています。

誤解を恐れずに言えば、応援してくれるファンのみなさんのために続けているわけでもありません。もちろん、ファンのみなさんにブログでコメントをいただいたり、お手紙をいただいたりするのはすごくうれしいことですし、ありがたいと日々思っています。

でも、「ファンのために」という理由付けをしてしまっていたら、わたしはこのお仕事を続けられなかったと思います。

きっと続けるための目的や理由がないから続けられるのです。昔のわたしがそうだったように。

音大に行くために高校に行ったり、結婚するために付き合ったり、行きつく先が決まっていると、どこかで窮屈さを感じてしまって、その居場所にいられなくなるんじゃないかと思うんです。

いまだに自分のことを全然わかっていないので、数年たったらまったくちがうことを言っているのかもしれないですが、いまはまだ自分がどこに行くのかを決められる時期ではなくて、このまま、この流れにしたがって進んでみたいと考えています。

「引退はいつごろを考えているの?」

この本を執筆する前に、編集の方からそう聞かれました。

十二年という期間は、ＡＶ女優としては異例だと言われることもあります。たしかに同じ時期にデビューした女優さんたちは、ほとんど引退してしまっていますし、もしAV女優に期限のようなものが決められていたとしたら、わたしもキッパリと辞めていたと思うけど、ありがたいことにわたしにはいまも続けられる場所があります。場所というのは、いまいただいているいろんな仕事だったり、プライベートだったり、わたしが過ごす時間すべてのことです。

わたしがもし引退をするとしたら、それはわたしがその場所に居られなくなったときだと思います。

わたしは無理をしてこの場所にしがみつくほど、図々しくはいられません。ですが、まだ、わたしを求めてくれる人がいるかぎりは、つぼみとして続けられるように思います。誰かのためという話でもなく、歯車のように機能していられるうちは、このままでいたいのです。

とはいっても、ＤＶＤの売り上げが下がってきたとか、動画配信の視聴者数が下がったとか、具体的な数字に左右されるものじゃなくて、どちらかというとわたしの体感のようなもので、わたしが「あ、もう終わりかな」と感じる瞬間が、きっといつかは必ずやってくるものだともわかっています。

十二年。わたしの人生の半分に近い時間。いまはＡＶだけじゃなく、いろんなお仕事をさせてもらっているけど、きっと引退を決めたら、そういうお仕事も全部辞めることになると思います。

そうなったとき、わたしは何も残さないつもりです。

たとえば、お金。わたしはこのお仕事でいただいたお給料はほとんど全部使ってしまうようにしています。意図的に、というわけではなくて、そもそも貯金して将来に備えるようなお金でもないと考えているからです。飼っているネコや旅行、交通費などでほとんど消えてしまいます。

わたしはＡＶ女優というものが世間的にどう捉えられて、どう思われているのかデビューする前からよくわかっているつもりです。

もし、お金を貯めて将来安定した生活を送りたいと思っていたら、学校にちゃんと行って、大学に通って、就職して、きちんとお給料をもらいながら慎《つつ》ましく生きようとしていたでしょう。

でも、ＡＶ女優を選んだ時点で、わたしはそういう普通の生活みたいなものからはみ出した存在になったのです。だから、このお金は使わないとならないものなんです。

ＡＶ女優ってそんなにスゴイものじゃなくて、裸になって、エッチをして、それを消耗品として世間の人に買ってもらっているのだから、個人的にはそのぐらいの存在でいいのかなとも思います。

もちろん、わたしの場合は撮影以外の仕事をさせていただいているので、それはすごく刺激になるし、ＡＶ女優という枠を超えていろんな経験をさせてもらえるのは、とてもありがたいことです。

失礼な言い方になるかもしれないけど、ＡＶ女優という見られ方は絶対に変わらなくて、それはきっと中学生でもわかるようなことで、わたし自身は誇りに思えるような職業でもないと思っています。

ＡＶ女優だから服を脱いでお仕事をする。ただそれだけなんです。

だから、わたしはどんな撮影でも、たいていのことは受け入れてきました。

一時期、わたしは現場の人に「つぼみちゃんはＭだから」と言われている時期があって、そういう作品のオファーをけっこういただきました。その間にも「イチャイチャラブラブ」するような作品の撮影もいろいろあったんですけど、そのときなぜか突然にイラマチオされたり、お尻を叩かれたりしました。「あれ、こんな作品だっけ？」とか思いながらも、男優さんや監督さんは「そのほうがつぼみちゃんが喜ぶと思って」と笑っていました。

わたしは、ちょっと不思議に思いながらも「まあいいや」と思って、そのまま撮影を終えました。

昔は、どうやって撮影に臨めばいいのかわからなくて苦労したこともあったけど、いまは撮影に向けて心をどうやって持っていくかも少しずつわかってきたし、もう苦しいとか辛いとか思うこともなくなりました。いまでも緊張はしますが、それはいい意味での緊張感というか、どういう作品になるんだろうっていう楽しみもあって、自分にできることはやろうって心を整理してお仕事をすることができています。

撮影のときは、監督さんや作品のなかでの「つぼみ」でしかありえないし、それは流されるままのわたしでもあります。

この業界で「こういう自分でありたい」だとか「絶対にこうじゃなきゃ嫌」だと考えたことはなくて、ＡＶ女優としての需要があればそれだけで何も必要ありません。だから、引退すると決める瞬間が来るなら、わたしは何の後悔もなく、どこかに隠れてひっそりと暮らすんだと思います。ハッキリとどうなってるかは自分でもわかりません。いま、この瞬間ではそう思っていても、一年先、二年先の自分が何を考えているのかまったく想像がつかないからです。

もし、引退したら、わたしは何をしているんだろう。

たぶん一番近いのはニートかなって思います。実家に帰って、しばらくは両親のすねをかじっているかもしれません。

わたしにはとくに暮らしてみたい場所もないけど、いずれは実家とか、そのすぐ近くでのんびり暮らしてみたいと思う気持ちもあります。

仕事はなんでも大丈夫。飲食店でも、本屋さんでも、ヒヨコの仕分けとかでも構いません。きっと収入は少なくなるだろうけど、それもまったく不安がなくて、たとえば四畳半の共同風呂・トイレみたいな環境でも、わりと幸せに生きていけるような気がしています。

きっと、もしそうなったら、それがその時点のわたしにとってふさわしい場所だと思えるからです。

わたしには「いい家に暮らしたい」とか「おいしい物が食べたい」とか、一般的な欲望がありません。

そういう意味で、わたしは何かが欠落しているんだと思います。でも、欲望がないということは、「何かを成し遂げたい」と願うこともないし、「自分はこうあるべき」だって決めつけることもなくて、ある時点での自分をそのまま受け入れて生きていくことです。そのほうが、わたしにとっては楽なんです。

思えば、わたしは重要な選択を迫られる場面で、楽なほうばかりを選んできたように思います。

ピアノも辞めて、転校もして、恋愛を断ち切って、ＡＶを選んだ。パッと見るとダメ人間みたいなんですけど、それでも自分の選択を後悔したことはないし、いままでも

「それでよかったな」と思えます。

わたしは、社会とか周囲の人たちとの関係で自分が左右されるのが嫌いというか、できない人間なのだとも思います。

この十二年間のＡＶ女優生活が、もしかしたら将来的にマイナスに働いてしわ寄せが来るのかもしれないけど、もしそうなってもまったく不安はなくて、地味に生きていくことも受け入れられる。きっと、どこかに執着のようなものを置いてきてしまったんだと思います。

わたしと似たようなキャラクターのＡＶ女優さんがデビューすると、ときどき「不安にならない？」と聞かれることがあります。その質問の裏側には、「つぼみの人気がなくなって仕事がなくなるかもしれない」という意味が込められているのはわかるけど、そうなったらそのときの自分の気持ちにしたがって答えを出すだけだし、とくに不安を感じることはありませんでした。

高校受験も「落ちたっていいや」と考えていたし、初めてＡＶ撮影をしたときも「どうにでもなれー」っていう気分でした。

いま考えてみると、ずいぶんと自分の人生に投げやりだし、きっと周りの人には迷惑をかけたり、心配をかけたりもしてきたけど、結果的にはわたしだけの問題であって、まったく知らない人に何を言われてもいいと思ってるので、不安というものがよくわからないんです。

将来、自分がどうなっているかは、そのときにしかわからないし、もしかしたら明日死んでしまうかもしれない。それでもわたしは「それもしょうがないな」って思えるような気がしています。

不安ってきっと、「誰かから見られている」と仮定したうえで、「自分自身がどう思われているか」と考えてしまうから起きてしまうものなのじゃないかなと思います。

いつも「誰かに見られてる」と感じることは、わたしもすごく苦手というか嫌いですし、そういう状況にはなりたくはありません。

たとえば、わたしは共同生活や同棲が苦手です。どんなに仲がいい友だちでも、どんなに好きな相手でも、自分の部屋ではその気配を感じたくなくて、寝るときはいつもひとりでいたいんです。

きっと、それと同じように、何気なく生きている日常でも、誰かがずっと監視していているような環境ではいられないのかもしれません。

結婚願望がないのも、そういったわたしの考え方のせいだと思います。

もし引退して、好きな人ができて、長い期間を付き合ったりしたら、そのときは結婚を考えると思います。わたしももう高校時代のような子どもではないし、状況が結婚に向かっていくのなら、それを受け入れることができるんじゃないかなと思っています。

結婚したわたしは、どうなっているんだろう。

いまは恋愛もしていないし、結婚なんてまったく考えたこともなかったですが、こうして本を書きながら自分と向き合っていると、少しだけそうなった自分について考えてしまいます。

男性がどんなタイプなのかはまったく想像がつきません。ただ、やさしくて適度に距離を置いてくれる人でないと、長く付き合うのは難しいかも、というのは何となく想像がついています。

わたしは依存されると、その人といっしょにいられなくなるような気がしています。二度目に付き合ったコウジ君がそれに近いタイプだったように、あまりに「好きだ」と求められると、辛くなってしまって別れを選ぶと思います。

旦那さんは、心も生活も自立していて、わたしに寄りかかるようなことがないタイプなのかな。

そのままうまく結婚生活が続けば、子どもの話に行きつきます。

子ども。

わたしはたった一度だけ、自分に子どもがいたらと想像したことがあります。

それは、わたしがインフルエンザに罹《かか》ったときでした。いろいろお仕事が入っていましたが、どれもキャンセルせざるをえなくなって、すごい自己嫌悪に苛《さいな》まれて「うわー、最悪だー」って思いながら、泣きながら寝てたときに、ふと「人から必要とされる」ってなんだろうって考えたんです。

たとえば、お仕事に関して言えば、わたしの代わりになってくれる人は必ずいるわけで、誰も代わりのいない「人から必要とされるとき」って、きっと子どもができたときぐらいじゃないかなという答えに行きつきました。

このまま子どもがいなかったら、それを知らずに死んでしまうのかもしれない。その実感を知らずに死んでしまうことに、ほんの少しだけ寂しさのようなものを感じました。だからといって、すぐに子どもが欲しいというわけではなくて、そのときが自然とやってきたら受け入れたいなと思っています。

もしかしたら、子どもができたとき、わたしは初めて不安を感じるかもしれません。子どもは、わたしに頼るしかなくて、わたしが死んでしまったら、子どもも窮地に陥ってしまうかもしれない。そうなったとき、経済面であったり、生活環境であったり、将来についていろいろと思いを巡らせなきゃいけないときが来るような気がしています。

いまも家族や友だちやファンのみなさんは、わたしのことを必要としてくれているかもしれません。でも、それはそれぞれが自立した存在だから、日々の生活を送ったり、生きるうえでどうしても欠かせない存在ではないと思います。

冷たいように聞こえるかもしれないですが、それはわたしにとっても同じことで、家族も友だちもファンのみなさんも点で交わることはあっても、ずっと連なっているわけではなくて、平行して生きていくものなのだと思います。

でも、子どもの場合は、言ってしまえばわたしの分身に近い存在で、常にわたしといっしょに重なっていなくては生きていけなくなってしまう。そんな存在が近くにいたとしたら、わたしは初めて「他者がいる世界」を意識せざるをえなくなるような気がするんです。


ここまで読んでくださった方のなかには、わたしをわがままで不真面目に生きてきたように思う方もいるかもしれません。

でも、自分ではそこまでわがままでもないし、不真面目だと考えたこともなくて、それはきっと、いままでわたしが「自分ひとりしかいない世界」しか意識してこなかったからだと思います。

真面目なのか不真面目なのかという基準は、あくまで他人から見た自分の評価でしかなくて、わたしはそういう「外の世界」の評価だったり、見え方のようなものを気

にしてきませんでした。

意識的に考えないようにしていたわけではなくて、最初から存在しないようなもの。だから、わたしの人生には、自分の意思しかなかったのです。

ただ、この人生という川の流れにはわたしだけしかいません。

この川は、どこまで行ってもひとりきり。

隣に流れている川があったり、ときどき支流と交わることはあっても、この流れのなかには誰もいません。

わたしは、ずっとひとりでした。

寂しさや悲しさという響きのない「ひとり」。むしろそれが心地よくて、森を流れる川の上で鳥のさえずりを聞きながら、エンジンも何もついていないボートで行くあてもなく漂流しつづける。それは、いまも昔も大きく変わっていません。

ピアノを弾いているときも、家族とパンを食べているときも、友だちと遊んでいるときも、わたしはきっと別の世界の中で生きていて、ときどき立ち入ってもいいと思える人としか仲良くなれなかったんだと思います。

だから、ピアノを誰かに教えたりすることは全然したくなくて、むしろ嫌悪感さえ抱いてしまったのは、たぶん他人がわたしの世界の中に入ってきていい存在ではなかったからです。

ピアノと離れてから、わたしは人付き合いが増えたけど、当時の友だちで名前を憶えている人はほとんどいません。記憶の上書き保存を繰り返すなかで名前も存在も消えてしまいました。

薄情なのかな、とも思います。でも、わたしが友だちと呼ぶのはアミのようなごく一部の人だけなのが事実です。スマホの電話帳に入ってる電話番号は十人未満。仕事関係と友だちと家族ぐらいなのは、連絡を取りたいと思える人がそれぐらいしかいないからです。

わたしがこういうお仕事をしているから、ときどき中学校や高校の同級生から電話がかかってくることがあるけど、わたしは相手が誰なのかまったく憶えていないし、話したいとも思わないから適当に理由をつけてすぐに切ってしまいます。だから、同窓会に誘われたこともないし、地元で遊ぶのもごく限られた友だちだけです。

わたしにとって、友だちは大切な存在だけど、特別な何かを求めているわけでもなくて、何気ない時間だったり、ちょっとした会話をときどき交わすだけで「なんか落ち着く」っていう気分にさせてくれたり、逆にわたしがそうさせてあげたり、そういう関係でいられることが理想的です。

この前、ある友だちから久しぶりにメッセージが入ってきて、何だろうと思って読んでみると「豆苗《トーミョウ》って知ってる?」っていう一文だけが、スマホに表示されていました。思わず吹き出してしまったけど、なぜだかその一文にホッとしました。

少し疲れているときや、ちょっと気分がもやもやしてるとき、そんなときに友だちと本当にどうでもいいような話をして大笑いしたり、真剣に悩み事を話し合って、ふたりして泣きじゃくったり。そんな時間を共有できる友だちがいるって、すごく幸せなことだなって思います。

それに、わたしには家族がいます。

いつもやさしく包み込んでくれる父、ときどき厳しいけれどなんだかんだでわたしのことを考えてくれる母、利発で要領のいい弟。

わたしだけ飛びぬけて変な人生を歩んでいますが、いつ帰っても家族は変わらずにわたしを迎えてくれます。

昔、東京でテレビを観ていて、奨学金の問題が取り上げられたことがあったんですが、そのときわたしはハッとしました。専門学校に行くときに借りた奨学金を踏み倒してるんじゃないかと思って、急いで母に電話をしました。

「お母さん、わたし、奨学金踏み倒してるかも！」

わたしの焦りように、母はふうっと小さくため息をつきました。

「何言ってんのよ、もう払っておいたわよ」

ピアノを辞めると言ったとき、高校を辞めたいと駄々をこねたとき、AV女優を続けたいと話したとき。わたしが人生の分岐点でしてきた選択に、母はいつも反対していたのに、いつもわたしの気がつかないところで支えてくれていたのです。

奨学金を返済しているって聞いただけなのに、わたしはなぜか涙が止まらなくなって、「ありがとう、ありがとう」とうわごとのように繰り返していました。

「もう、本当に何言ってんのよ」

そう言って電話を切った母の声は少しだけ笑っているように聞こえました。

世間ではわたしのような人を親不孝者と呼ぶのかもしれないけど、わたしは、この家族と過ごせてきた日々がとても大事だし、誰に何と言われようとわたしは家族を愛しています。

わたしには根っこがなくて、いつもふわふわとどこかへ流れていってしまいますが、実家に帰れば根を下ろす場所がある。だから、行くあてのない旅をしていても、不安がないんだと思います。


わたしとつぼみ。

それはいつも表裏一体で、変わらない顔をしています。

こんなに物事を考えたのは初めてだったし、こんなに昔の自分を思ったことはいままでありませんでした。

十八年と十二年。

どちらもとても大切な宝物であることに変わりはなくて、十二年が十三年になるのか十四年になるのかはわかりません。

でも、もしこれから新たな人生を歩んだとしても、いままでみたいにあらゆることが「わたし」に影響を与えて、「つぼみ」を育んでいくのだと思います。

実家から東京に戻ってきたとき、わたしは久しぶりに東京タワーを訪れました。この本を書く前に一度見ておきたいと思ったからです。

あのマンションの一室はもう別の人が借りているだろうから、わたしは初めて東京タワーの真下にやってきました。

「あっ」

東京タワーは空に突き刺さっているわけではなくて、しっかりと力強く赤色に輝いていました。

それは、まるで地面に根を降ろす大樹のようでした。なぜ東京タワーを見ると心が落ち着くのか、初めてわかったような気がしました。

あとがき

　最初にこの本の企画を聞いたとき、わたしには無理かもしれないと思いました。ひとりで考えてみても、子どもの頃のことが何も思い出せなかったからです。いま雑誌で連載をさせてもらっているけど、それは現在の思ったことをつれづれと書いているので、この本のように過去を思い出す必要がありません。だから、この本は連載とはまったく別のやり方で作っていかなくてはなりませんでした。

　そこで、編集の方と話し合った結果、会話や質問を通じてちょっとずつ記憶をたどっていくことにしました。三カ月にわたってインタビューとも座談会ともちがう、変わった話し合いを何度も重ねていきました。

それはとても不思議な体験でした。

これまで上書き保存されて消えたと思っていたものが、次々と心の奥のほうから沸き起こってきて、突然過去に連れ戻されてしまうような感覚になりました。それは何となくむずがゆいものでしたが、少しずつ思い出されていく記憶と感情が、「わたし」と「つぼみ」の境界線というか輪郭のようなものを少しずつ浮き彫りにしていきました。その奇妙な感覚に突き動かされるようにして、ある日、わたしは実家に帰りました。平日だったので、家の中には誰もいません。何度も帰っているはずの実家だったけど、過去の記憶を取り戻しつつあったわたしにとって、その静かで少しひんやりとした空気は懐かしくもあり、新鮮でもありました。

リビング、キッチン、階段、ピアノ。昔と変わっていないものもあれば、変わったものもあります。その日、父はなぜかエアコンの話を始めました。

「この前、家じゅうのエアコンを全部買い替えたんだ。すごく迷ったけど、お前の部屋はそのままにしておいた。こっちに帰ってきたら取り替えような」

きっと父はわたしに実家に戻ってほしいんだなと思いました。ＡＶのお仕事も辞めて、こっちでいっしょに静かに暮らしたいのかもしれない。やさしい父は、少し遠回りにそう伝えたかったんだと思います。

対照的に母は何でもストレートです。「いい年なんだから、もう辞めてって言われてるでしょ」なんて口にすることもあります。わたしは「まだ言われてないよー」と冗談めかして笑うけど、やっぱり両親がまだAVのことを悲しんでいることに変わりはなくて、そのことに申し訳ないというか、わたし自身も悲しい気持ちになります。

それでも、わたしはまだ「つぼみ」でいたい。今回改めて、そう思いました。

その思いが変わることはないけど、最近「つぼみ」は少しずつ変わってきているように感じています。

この本を作っているあいだに、わたしはまたピアノのレッスンに通うようになりました。東京の部屋にも電子ピアノを買って、先生から出された課題を練習しています。

今と昔では、ピアノの先生がちがうはずなのに、指摘されるポイントはいつも同じ。わたしは必死でやっているつもりなのに、先生には「いつも七十点ぐらいを取ろうとしてる」と言われます。以前やらせていただいた舞台でも、AVでも同じようなことを言われ、胸がズキズキと痛みました。

わたしは、どうして七十点しか取れないんだろうって悩んでいたけど、最近その原因がほんの少しだけわかってきたような気がします。

わたしは自分の感情だったり、思いを表現することが苦手というか、これまでにしたことがないいんだと思います。わたしにも感情や気持ちはあるけど、それを言葉にしたり、行動で表すことができない。

子どもの頃から、ピアノの世界にこもって、誰かに見られている自分を意識したことはありませんでした。わたしは自分の心の中にある感情を表現できないんです。それはきっとわたしの人生と重なる部分もあるように思います。

東京に出てきてからは、ずっと「つぼみ」として駆け抜けてきたから、いつの間にか「わたし」が表に出てくることはなくなっていました。

でもいまピアノを弾いていると、奥底に沈んでいた「わたし」が「つぼみ」の中に入り込んでくるような感覚になります。それがとても心地よくて、「わたし」はグラデーションのように少しずつ色彩を強めています。

この本を作るにあたって、「つぼみ」と「わたし」はゆっくりと混じり合いはじめました。自分を表現することをほんの少しだけ知ったような気がしています。きっとそれが完璧にできるようになったとき、「つぼみ」の花は開くんじゃないかなって、そう思っています。

最後に、この二年間、いろいろと話を聞いていっしょに本を作ってくれた編集者の鈴木ユータさん、グラビア撮影と素敵なデザインをしてくれた箭内孝行さん、そして出版していただいた二見書房さんには本当に感謝しています。そして最後まで「わたしのこと。」を読んでいただいて、本当にありがとうございました。

つぼみ

つぼみ

1987年12月25日生まれ
30歳
山口県出身
O型

2006年にAVデビュー。そのルックスから「永遠の処女」「終身名誉処女」などと呼ばれ、12年たった今も第一線で活躍。2012年にはアダルトビデオ30周年記念企画で行われた人気投票において1位を獲得するなど、絶大な人気を誇る。現在は、ネットの動画配信や雑誌の連載、舞台など活動の場を広げ、マルチな才能を発揮している。著書に『つぼみ初フォトエッセイ　ん』（徳間書店）などがある。

わたしのこと。

【著者】
つぼみ
【編集・構成】
鈴木ユータ
【カバー・本文デザイン・写真】
箭内孝行
【発行所】
株式会社二見書房
〒101-8405
東京都千代田区神田三崎町 2-18-11
電話 03（3515）2311／営業
03（3515）2313／編集
振替 00170-4-2639
【印刷所】
株式会社堀内印刷所
【製本所】
株式会社村上製本所

 ISBN 978-4-576-18210-0 https://www.futami.co.jp
乱丁・落丁本はお取り替えいたします。定価はカバーに表示してあります。